LA VIDA ES UNA PIÑATA

LA VIDA ES UNA PIÑATA

ISMAEL CALA

HarperCollins *Español*

Editora en Jefe: *Graciela Lelli*
Edición: *Juan Carlos Martín Cobano*
Diseño interior: *S.E. Telee*

ISBN: 978-0-71808-763-0

Impreso en Estados Unidos de América

16 17 18 19 20 DCI 6 5 4 3 2 1

Contenido

PRÓLOGO

Mi querido y admirado amigo Ismael Cala me sigue sorprendiendo gratamente con sus libros publicados.

Sin lugar a dudas, sabe perfectamente cuáles son las necesidades que tenemos los lectores y la forma magistral de expresar los conocimientos que él ha adquirido al paso del tiempo como periodista, escritor, productor, presentador de radio y televisión y, además, conferencista internacional.

De Ismael he aprendido que *el poder de escuchar* es una estrategia fundamental para tener relaciones sanas y asertivas en todos los ámbitos de nuestra vida. Pude entender la importancia de ser *un buen hijo de p...* (de la pasión, la paciencia y la perseverancia) para llegar a cumplir nuestros objetivos y a través de la maravillosa historia de *El secreto del bambú*, me acercó a mis raíces, a no separarme de la naturaleza y los valores que nos hacen únicos e irrepetibles.

No cabe duda de que Ismael «le ha dado y no ha perdido el tino» al publicar este su nuevo libro, *La vida es una piñata*. Y por supuesto que lo es, y con sinceridad tengo que compartir que, al igual que muchos lectores, soy de los que no me agradaba pegarle a la piñata, por la melancolía que me daba destruir con un palo algo tan colorido y llamativo. Sin olvidar la descalabrada que me dieron a los cinco años de edad, en mi propio cumpleaños, con el palo de esa misma piñata, que yo mismo había elegido. Y, para colmo de males, cuando la rompieron —no mi cabeza, sino la piñata—, solo alcancé una naranja descolorida y desabrida, una de tantas que agregó mi abuela Pola para que se sintiera más llenita la piñata. Obviamente, ninguno queríamos las naranjas, deseábamos los dulces.

Desde entonces, para mí las piñatas perdieron ese encanto que antes tenían, por el temor que se albergó en mi subconsciente. Hasta ahora que leo este libro, acepto y reconozco las razones muy celosamente guardadas en mi interior y que ahora tienen un gran significado.

Un libro ameno, divertido, constructivo, en el cual el autor nos va llevando poco a poco a desmembrar —sin palo de piñata— la gran similitud que existe entre esta tradición y la vida misma. Una vida que debería ser una celebración constante con matices y colores diversos, dependiendo de lo que vivimos, pero nunca olvidando que es decisión de cada uno de nosotros la interpretación de la misma como comedia o tragedia.

Ismael me hizo recordar la gran timidez que yo manifestaba en mi niñez: por miedo o vergüenza, siempre prefería ser observador que actor en la celebración de mi vida. Prefería esperar que alguien más quebrara la piñata, por temor al rechazo al destruir con dos o tres golpes bien dados el motivo principal de la fiesta, aunque fuera mi propia fiesta.

La vida es una piñata te abrirá los ojos para valorar lo que realmente importa en esta celebración llamada vida, incluyendo la gran diferencia entre los valores materiales y los espirituales.

Excelente comparación de la vida con la piñata, ya que me hizo recordar las variadas actitudes que podemos tener ante lo que realmente deseamos, incluyendo la envida, la soberbia, el deseo desmedido de alcanzar lo que deseamos sin importarnos los sentimientos de los demás o, por el contrario, las manifestaciones de humildad, apoyo y solidaridad que mostramos ante quienes no obtienen lo que desean o constatar la gran cantidad de personas que por flojera o desidia deciden quedarse únicamente con lo suficiente pudiendo aspirar a la abundancia.

Sin lugar a dudas, uno de los grandes beneficios que encontrarás al recorrer una a una las páginas de este excelente libro será el conocimiento y la forma práctica de aplicar el liderazgo emocional para mejorar tus relaciones y controlar al mismo tiempo las reacciones que tienes a lo que te sucede. Siempre he creído que la frase que más se adapta a mi vida es la que dice: «El problema no es lo que me pasa, sino cómo reacciono a lo que me pasa», y son precisamente esas reacciones las que definen en gran medida nuestro presente y nuestro futuro.

Hoy Ismael Cala hace vida a una de las enseñanzas de René Descartes, filósofo y matemático que dice: «Hay una pasión superior a todas y es la satisfacción interior por el bien que hacemos a los otros».

Gracias, Ismael, por dedicar una gran parte de tu tiempo a ayudarnos a entender de forma simple principios básicos de la conducta humana que nos puedan ayudar a elevar nuestros conocimientos y tener conciencia de lo maravilloso que puede ser vivir, siempre y cuando tengamos la intención y nos pongamos en movimiento para lograr esa paz y estabilidad emocional que tanto anhelamos.

Querido lector, querida lectora, de ti depende aplicar tantos conocimientos que contiene este ejemplar que hoy tienes en tus manos y convertirlo en experiencias gratificantes de vida. Todos tenemos una misión y depende de cada uno descubrirla. Tenemos una vida cuyo interior está lleno de sorpresas y bendiciones al igual que una piñata, pero siempre será una decisión personal enseñarlas y compartirlas con los demás y de esta forma trascender y dejar huella que al paso de tiempo será imborrable.

Un verdadero placer leer y recomendar *La vida es una piñata*. Deseo que tu vida siga iluminando el lugar en el que estés y que sigas sorprendiendo gratamente por todas las riquezas que albergas en tu interior.

Dr. César Lozano
Conferencista, escritor,
conductor de radio y televisión
Monterrey, México

INTRODUCCIÓN

El sabio es quien quiere asomar su
cabeza al cielo; y el loco es quien quiere
meter el cielo en su cabeza.

GILBERT KEITH CHESTERTON

Un lunes a media mañana, estimulado por el inicio de
la semana, entré en la oficina de Eduardo Suárez, vice-
presidente de producción y programación de CNN en
Español, y le recité un amplio pliego de ideas y proyectos
para nuestro programa *Cala*. En resumen, unas quince
acciones que consideraba necesarias para el futuro. Mi
mente solo veía oportunidades de crecimiento, y así me
conduje:

—Eduardo, creo que el programa debe seguir creciendo, pero debemos llevar adelante un plan más ambicioso.
Se me ha ocurrido que, en vez de viajar dos veces al año,
lo hagamos cinco, y además…

A partir de ahí enumeré una larga lista de peticio-
nes. Mientras hablaba, veía cómo su cara iba perdiendo
el semblante de la tolerancia. Al terminar, me respondió
concluyente:

—Mira, Ismael, ¿sabes cuál es tu problema? ¡Que tú
lo que quieres es una piñata! ¡Tú lo quieres todo! —dijo.

Mi primera objeción fue la que argumentaría cualquiera:

—Pero eso no es malo. Te he traído propuestas, no problemas.

—Sí —me dijo—, pero no se puede hacer todo a la vez. Tú lo que quieres es una piñata y que te caigan todos los caramelos de una vez.

Hace poco, con el paso de los años, Eduardo estuvo en el programa y, cuando le recordé la anécdota de la piñata, me dijo: «¿Viste? Más que tratar de agarrar todos los caramelos, lo más importante es escogerlos. Esos son los que te debes llevar».

Las conversaciones con Eduardo siempre dejan frases curiosas y muy sabias, ya sean provenientes de refranes, proverbios o de su cosecha personal. Alguna siempre se queda prendida en mi memoria, pues él es un conversador muy elocuente, colorido y extraordinariamente empático y simpático. Más de una vez hemos recordado la anécdota de la piñata, y tengo su permiso para reflejarla en el libro. Como requisito de transparencia, debo decir que Eduardo es la fuente primaria de esta idea, pero no recibe regalías. Gracias, Eduardo, por siempre dejarme alguna idea rondando en la cabeza. No las abandono, las conservo para convertirlas en materia prima de una nueva creación.

Al final de la historia, mis planes se quedaron en nada, porque terminé atolondrándolo. Cuando llegué a casa, retomé la escena y reflexioné sobre mis objetivos, la reacción de ambos y el resultado. Entonces identifiqué el primer error, referido a la táctica y estrategia del liderazgo, que no debería repetirse. Es decir, a una negociación no podemos llevar más de tres puntos a resolver de una vez. Un líder establece prioridades, no enturbia el diálogo con quince ideas, que no son precisamente urgentes, y sin el mismo nivel de impacto.

Después me pregunté: «¿Qué quiso expresar Eduardo con su imagen de la piñata?». Sobre todo porque, definitivamente, tengo grandes planes en la vida. No estuve de acuerdo con su frase «Tú lo que quieres es una piñata y que te caigan todos los caramelos», ya que, en realidad, de niño nunca me comporté de ese modo. Al contrario, mi actitud ante la piñata era bastante pasiva. Me quedaba totalmente rezagado. Prefería agarrar lo que sobraba en el piso, antes de que alguien me pisoteara la cabeza o me diera un golpe con la intención de atrapar lo que aparentemente era más atractivo.

Esa idea me llevó a un tercer razonamiento: siempre debemos aplicar el pensamiento reflexivo para resolver nuestros problemas. Esto lo aprendí con John C. Maxwell en el curso *11 secretos para transformar tus patrones de pensamiento*. Para el maestro, la sabiduría es la capacidad de extraer principios de la experiencia. Maxwell afirma, con toda razón, que la sabiduría es el resultado de la reflexión. Según esa teoría, debemos aprender a tomar las experiencias y transformarlas en conocimientos. Muchas veces nos precipitamos en nuestro deseo de avanzar hacia delante y tomar el control, porque somos líderes. Pero, sin dudas, el pensamiento reflexivo es el que garantiza que de verdad vaya a producirse un crecimiento.

Recuerdo una de mis grandes fijaciones infantiles. Mi madre, en Cuba, vivía una verdadera agonía para comprarnos juguetes, pues estaban racionados y las filas eran frustrantes. Mis hermanos y yo quedábamos petrificados frente a las vidrieras de las tiendas, nerviosos porque no sabíamos si nuestros deseos podrían cumplirse el día en que nos tocaba comprar, según el sorteo realizado por el Gobierno. Durante tres años me asomé a las vidrieras a la espera del día reglamentario para comprar. Yo quería un trencito eléctrico, pero los puestos obtenidos en el sorteo fueron siempre astronómicos. Año tras año veía el tren desde la acera y nunca podía alcanzarlo.

Un niño tiene menos posibilidades de ejercer el pensamiento reflexivo, pero mi madre, siempre tan sabia, me decía: «Piensa en varias opciones, hijo, porque sabes que, si no está el tren, algún otro juguete tendrás que llevar». Y el resultado, una vez más, era el desconsuelo y la frustración. Mamá insistía en una teoría que entonces no entendíamos: «Hay que aprender que hay cosas que llegan a destiempo. Ustedes no pueden permitir que la falta del juguete ideal les quite la alegría».

Esta remembranza ilustra el poder del pensamiento reflexivo. Por eso acudí a las enseñanzas de Maxwell para desentrañar la frase «Tú lo quieres es una piñata». Le di muchas vueltas en mi cabeza y pensé: *¿Será la vida entonces una piñata?* Desde entonces empecé a buscar analogías. En la infancia, en las fiestas de cumpleaños, ya mostramos una determinada actitud ante la vida: ¿Nos importan los demás? ¿Realmente somos generosos con los regalos que recibimos? ¿Qué hacemos si otro niño grita o llora? ¿Nos quedamos el regalo? ¿Nos importa lo que digan los demás?

La metáfora de la piñata dio muchas vueltas hasta que concluí que el tema era ideal para un libro. ¿Por qué? La piñata es un símbolo de la cultura latinoamericana, especialmente en México, y también aparece en otras partes del mundo, como Estados Unidos, Europa y Asia. Es símbolo de celebración infantil, de cumpleaños y de otras fiestas. A partir de entonces sentí una gran curiosidad por entender su origen y, sobre todo, por conocer aquellas que se rompen mediante duros golpes.

Inicialmente, valoré varios nombres para este libro. En la búsqueda de ideas y en consulta con los lectores, alguien me dijo que la vida no era en realidad una piñata, porque entonces estaríamos dejándolo todo al azar. Un colaborador venezolano, de nombre Cruz, me escribió para fundamentarlo: «No creo que la vida sea una piñata, si así fuese, indicaría que no sabemos hacia dónde vamos, y cada nuevo momento de la vida sería una sorpresa. Defiendo la causa y el efecto».

Y la misiva seguía: «Ismael, la vida debe ser una piñata solo para quienes viven el presente, sin asomar la mirada al futuro. Cuando mi hija Andrea, quien está en la universidad apenas comenzando su carrera, me dice que se imagina como profesional y me habla de vivencias que aún no ha vivido, me doy cuenta de que sabe lo que quiere y hacia dónde va. Su entusiasmo le hace dejar en un segundo plano los sacrificios o contratiempos que le toca vivir como estudiante...».

Cruz aportó elementos muy interesantes, y abiertos al debate, pero decidí mantener el título inicialmente previsto. Es evidente la preeminencia de la causa y la reacción. Los seres humanos creamos la mayor porción de nuestras condiciones materiales y espirituales. Gran parte de lo que se manifiesta en nuestras vidas es porque nosotros, de alguna manera, lo hemos atraído. Dentro de la piñata, como símbolo, hay muchas cosas que pueden hacer referencia a los eventos que «nos caen» o suceden.

Nuestra editora Graciela Lelli, de HarperCollins Español, mostró sus dudas sobre lo que significaba estar dentro de una piñata, considerando que el título fuese «La vida en una piñata». «¿Yo estoy dentro de una piñata?

La verdad es que no me gustaría estar encapsulada en una piñata, porque me darían palos para romperla, me jalarían hasta que se desfondara y cayera al piso». Todos nos reímos tras aquel comentario. La verdad es que a nadie le gustaría estar dentro de una piñata. «La vida es una piñata», como título, nos resulta intrigante y algo controversial. Es el punto perfecto para iniciar una reflexión sobre lo recorrido desde nuestra infancia hasta quienes somos hoy. Y los que nunca tuvieron una piñata podrán dejar volar su imaginación con lo que proponemos a través de la analogía.

Agradezco infinitamente la interacción con toda nuestra comunidad en redes sociales. Dentro de una piñata, decididamente, existen muchas cuestiones. Ver la vida desde ese punto de vista es una metáfora potente. En la piñata hay cosas de distintos valores, según nuestros intereses. Al abrirla, unas importan más y otras nos sorprenden o decepcionan. Dicha visión tiene mucho sentido.

Entonces, ¿qué hay dentro? La piñata de la vida contiene todos los eventos que recibimos a lo largo de nuestra existencia. A algunos los llamamos sorpresas, porque aparentemente nos asombran de manera agradable. A otros los denominamos *tragedias*, pero en realidad son también eventos sorpresivos con un autodesignado valor negativo. Hasta que logremos encontrarle un verdadero significado, soy de la idea de que estos eventos suceden por una razón.

Al final, este libro persigue una reflexión, un estudio de nuestros valores, principios de vida y creencias; ir a nuestros orígenes y a las raíces. Partiendo de algo culturalmente tan potente como la piñata, y analizando su historia, podremos entender sus diversos significados. Mi intención es que tú, mi querido lector, hagas lo mismo con la piñata de tu vida; o sea, con todos los elementos que han marcado tu historia, algunos positivos y otros negativos. Todos, al final, son parte indisoluble de quién eres, de cómo ves la vida, en qué crees, qué sueñas crear y cuánto puedes crecer en la expansión del potencial infinito dentro del campo de todas las posibilidades, que es nuestra esencia divina.

Cuando analices tu piñata, entenderás que, en realidad, tales significados no son permanentes. Tú puedes cambiar esa historia y su significado. A veces, nuestra mente se obsesiona con ciertos temas, y esperamos que caigan de la piñata y nos llenen de bendiciones automáticamente. Al hacer fijación con algo, no vemos las oportunidades ni damos valor a otras bendiciones que la piñata nos ha proporcionado en la vida. Mientras, le quitamos valor a elementos que aparecen frente a nosotros, no los sabemos apreciar. Entonces, el propósito de este libro es crear una conversación colectiva.

Una pregunta que te repetiré en lo adelante es: «¿Cómo vives tu vida?». ¿Vas por el mundo en modo piñata o, por el contrario, crees, creas y creces asumiendo tu responsabilidad de cocreador? Si no puedes todavía responder, no importa. Sigue leyendo y entenderás el mensaje en cada página de este libro, que estoy seguro de que cambiará tu manera de ver la vida, tu mundo, tus ideales, tus paradigmas, tu sentido de propósito.

Al igual que sucedió con *El poder de escuchar*, hemos convocado a nuestros afiliados en redes y comunidades virtuales a que opinen sobre el tema. La respuesta ha sido contundente. Es emocionante ver cómo el tema despierta recuerdos en personas que tenían totalmente adormecidas sus antiguas celebraciones de cumpleaños, o las de sus hijos. Han florecido actitudes muy curiosas de las fiestas en el momento de abrir las piñatas. Además, un fenómeno interesante: ver cómo la piñata se convierte en foco de celebración de muchos niños, que no consiguen disfrutar con sus amigos el resto de atracciones porque están obsesionados con romperla para obtener regalos.

Entonces, es también el momento de decir: «Disfrutemos el presente, el aquí y el ahora, y no la anticipación de un momento futuro». En este caso, ese futuro incierto se da en las fiestas de cumpleaños, cuando todo el mundo espera a que se rompa la piñata para ver qué cae.

A día de hoy, cuando veo una piñata, la primera sensación que me viene a la mente es de alegría. Para mí, las piñatas son básicamente eso, porque crecí en Cuba y viví fiestas de cumpleaños. No ocurrió siempre, pero mi madre organizó algunas e hizo posible que tuviéramos piñatas, por cierto, muy humildes. Venían rellenas de caramelos, golosinas, serpentinas, harina, talco y algún que otro juguete pequeño. Cuando recuerdo esos instantes, pienso en alegría, en celebración, en la vida misma. Porque la piñata, por lo que he visto en otros países, estaba antiguamente muy vinculada a temas de «pecados capitales», a través de sus puntas, sobre todo en México. De niño, evidentemente no conocemos el verdadero significado de las puntas, pero es lo que menos importa en el momento de abrirla.

Sin embargo, en mis recuerdos, la piñata significa vida y celebración. Y como en Cuba no se rompe con palos, no tuve las experiencias traumáticas que cuentan algunos, recogidas a lo largo de esta investigación. Por ejemplo, en México, un taxista me enseñó una cicatriz en su ceja derecha cuando le dije que estaba escribiendo un libro sobre el tema. Y ahondó: «Me la hice mientras estaba rompiendo una piñata». Como algunas se abren violentamente, y con los ojos vendados, el accidente siempre es una posibilidad.

Las mías las recuerdo con mucha menos violencia. De nuestras piñatas colgaban largas cintas de colores, que se halaban para abrirlas y que todo cayera al piso. En otros países se golpean para romperlas. Me imagino que, cuando se fabricaban de cerámica, el mismo barro podía herir la cabeza de alguien.

La historia de las piñatas me ha fascinado. Pretendo utilizarla para expandir, a través de metáforas, los mejores principios de vida.

Hace poco, una ejecutiva panameña me contó una anécdota reveladora sobre la campaña publicitaria para un nuevo automóvil japonés. Según el guion, los niños debían golpear una piñata para hacer caer la llave del reluciente auto. Cuando los japoneses vieron la propuesta, se horrorizaron. Se oponían a que unos menores, con los ojos vendados, aporrearan una caja para buscar un premio. Ellos, culturalmente hablando, no entendían este tipo de mensaje.

Por eso quiero convertir la piñata en una metáfora universal de vida, aunque el enfoque dependerá de dónde vivimos y de las creencias que nos enseñaron. Entonces veremos la piñata de la vida con ojos muy diferentes. Por ejemplo, cuando estoy en la India, adonde he viajado tres veces, siempre me pregunto: «Esta gente, que tiene tan poco, materialmente hablando, ¿cómo es posible que exhiba una sonrisa más pura y transparente que muchos occidentales que viven rodeado de lujos?».

Los hindúes miran la piñata de la vida de una manera diferente. Buscan dentro otros significados. Esperan unas bendiciones, unos regalos, que no necesariamente son los mismos que esperamos en Occidente. Igual sucede cuando nos insertamos en comunidades indígenas, como en mi querida Guna Yala, en Panamá. O, si te vas a la Amazonía o África, entiendes por qué estos grupos muestran diferentes ideas sobre principios, valores y aspiraciones de vida. Así es nuestra vida. De acuerdo con nuestra codificación mental y espiritual, ponemos precio y valor a lo que anticipamos con nuestras expectativas y anhelos.

Como libro, *La vida es una piñata* es una invitación a explorar lo más profundo y esencial de nuestra vida, así como los principios, valores, creencias e interpretaciones que damos constantemente a los eventos que nos ocurren. Lo he concebido a través de una metáfora porque los seres humanos entendemos mejor determinados conceptos si visualizamos gráficamente el tema. Al igual que hicimos con *El secreto del bambú*, luego publicaremos una versión para niños. Me reconforta poder enseñar a los más pequeños lo que hay detrás de una fiesta, de una piñata, de una celebración. En ambas versiones sobresalen conceptos como curiosidad, bondad, compasión y humildad. Mucho de lo que aquí hablaremos resonará en la capacidad de aprender a desprendernos de lo propio para creer en lo compartido.

Pienso que mi vida cabría en una piñata, pero en una muy grande. Mi piñata va creciendo y ensanchándose a medida que pasan los años, con la gracia de Dios. Mucho «ha caído» durante este tiempo, y aún queda más en su interior esperando a ser descubierto. **Nuestra vida puede caber en una piñata, pero tiene que ser infinita, de posibilidades enormes, no de cartón o barro.** Venimos al mundo con un potencial ilimitado de creación y abundancia. La piñata, en este caso, se convierte también en una imagen de posibilidades infinitas. La cuestión es cómo seremos capaces de recibir lo que cae de la piñata, sean eventos, momentos, desafíos, ideas o circunstancias; cómo actuaremos en lo adelante, de acuerdo con nuestras expectativas y mapas mentales. Esa es la clave para que vivamos felices con la piñata de la vida. Y eso es lo que pienso enseñarte en este libro: las herramientas que necesitas para vivir la piñata de tu vida.

Nuestro mundo debería ser una piñata en la que mostremos compasión, generosidad y bondad. Una piñata de la que broten bendiciones para disfrutar la oportunidad de compartir, y no de dividir; donde la gente dance, agradezca y celebre la abundancia a su alrededor. Y algo no menos importante: **si de la piñata «llueven» momentos difíciles, enfrentémoslos desde las enseñanzas del pensamiento creativo, innovador y reflexivo.**

Y, como dicen que la repetición es la madre del aprendizaje, me he propuesto recordarte, durante la lectura, preguntas e ideas detonadoras para que no seas un ente pasivo en esta conversación, sino un elemento en ebullición y evolución, un ente generador de chispas de reflexión y estudio, a cada paso de este camino juntos.

Te pregunto:

¿VIVES TU VIDA EN «MODO PIÑATA»?

Si es así, lo haces colgando de un hilo, con muchos adornos exteriores, repleto o repleta de objetos que otro colocó dentro. La inercia te esclaviza, a la espera de que una fuerza externa te rompa a sacudidas. Alguien, con los ojos vendados, disfruta al golpearte con un palo y tú terminas volando en direcciones inesperadas. O, en la mejor de las suertes, estás esperando a que otros halen las cintas con fuerza, a que te bamboleen hasta quebrarte y desfondarte, para que otros se rían o lloren al descubrir lo que llevas dentro. Entonces quedarás inservible, inútil, inerte. En ese modo de vida, fuerzas externas te llenan, golpean, quiebran y dejan en el vacío a su antojo.

La filosofía de este manifiesto te convoca a cuestionar si la vida es una piñata llena de cosas, que no son más que eventos, envueltos en disfraces atractivos. Estos no se muestran en esencia, pero nos hacen vivir en anticipación, sin disfrutar la verdadera fiesta de celebración que es experimentar el presente, por asumir qué nos deparará esa caja de sorpresas al desmoronarse.

Al igual que con las piñatas, en la vida cada quien se frustra, se resigna o agradece según su visión, expectativas, creencias y emociones. A diferencia de las piñatas, en nuestra vida sí podemos crear y manifestar regalos, convertir obstáculos en bendiciones y reprogramar los significados de las cosas que nos caen.

CAPÍTULO I

LA PIÑATA DE MARCO POLO

> *La historia es la novela de los hechos,*
> *y la novela es la historia de los*
> *sentimientos.*
>
> CLAUDE ADRIEN HELVÉTIUS

ASIÁTICA, MEXICANA Y UNIVERSAL

Siempre hay quien se pregunta para qué sirve la historia. A menudo se afirma que resulta ideal para saber de dónde venimos, en qué punto estamos y hacia dónde vamos. No podemos perder de vista esas consideraciones a la hora de evaluar cualquier fenómeno de nuestras vidas, puesto que la historia es siempre relevante. No es agua pasada, sino un instrumento para evaluar pasado, presente y futuro.

Cuando me propuse escribir este libro, viajé a México varias veces para indagar directamente sobre el tema. En una oportunidad hablé con un viejo artesano

LA VIDA ES UNA PIÑATA

callejero, que entre sus múltiples ocupaciones se dedicaba a la confección de piñatas. Miguel, así dijo llamarse, demostró ser un hombre humilde, abierto y enamorado de su trabajo. No solo dominaba el arte de su especialidad, sino también su historia y el simbolismo que encierra.

—¿Y usted qué opina del origen de la piñata? —le pregunté.

—Siempre se dijo que Marco Polo la llevó desde China a Europa, y que los monjes franciscanos la trajeron a México durante la evangelización cristiana para celebrar el nacimiento de Jesús —respondió sin vacilar.

—Pero los aztecas ya confeccionaban vasijas de barro similares a las piñatas antes de que llegaran los españoles, ¿no?

—¡Es cierto! Y también los mayas. Construían ollas de barro con el rostro de un dios, las pintaban, las adornaban con plumas de colores y las llenaban con piedras de colores, frutos secos y semillas. Un sacerdote las colgaba y, cuando se rompía, todo su contenido se derramaba aparentemente «a los pies de ese dios».

—¡Eso es una piñata! —aseguré.

—Ahora abundan las de papel y cartón, y pueden tener significados diferentes. El religioso es aún el más arraigado. Como puede ver, seguimos haciendo piñatas con siete puntas.

Recorrí con la mirada el mercado donde conversamos. Estaba repleto de piñatas colgadas del techo. Algunas se exponían sobre mesas y anaqueles. ¡Era una fiesta de colores! Predominaban las de siete puntas, aunque nuevas temáticas se incorporaban a la tradición: personajes famosos, autos, carrozas, barcos, aviones, animales, una variedad de figuras que dice mucho de la creativa imaginación popular.

—Cada punta personifica uno de los siete pecados capitales: ira, envidia, avaricia, soberbia, gula, pereza y lujuria —me dijo el artesano.

Entonces compré tres modelos diferentes y me las ingenié para traerlas a Miami con la ayuda de Lorena, nuestra querida asistente ejecutiva, para siempre recordar aquel encuentro con la historia viva en las calles de México.

He pensado mucho en las enseñanzas de la historia al investigar el origen de las piñatas. Considero que para cambiar el curso de la historia, si es que deseamos hacerlo, primero hay que conocerla a fondo. Creo firmemente en el poder de las personas para transformar lo que deba ser transformado, adaptándonos todos a los nuevos tiempos, pero sin renunciar a lo vivido. Estoy seguro de que podemos armonizar nuestras tradiciones con el orden social que nos hemos dado y conseguir el siempre deseado equilibrio.

Hace poco disfruté y reí con el monólogo «Sin fronteras: la piñata», del humorista venezolano Emilio Lovera, que se ha viralizado en Internet. Emilio, a quien he entrevistado en mi programa de televisión, nos pone a pensar a todos con sus reflexiones cómicas sobre las piñatas. Por ejemplo, repara en que, cuando entramos a un cumpleaños, lo primero que vemos son personajes que hicimos que nuestros hijos adoraran: La Sirenita, Batman, Superman y otros, «pero ahí está guindando» y «hay una fila para caerle a palos al ídolo». Lovera dice, en broma pero sin faltar a la verdad, que tal actitud ha causado «cortocircuitos cerebrales» en los niños.

De China a México, con escala en Europa

¿Qué dicen las investigaciones históricas sobre el origen de la piñata? Según el Museo de Arte Popular de Ciudad de México (MAP), la vida del objeto comienza en China, durante la Edad Media, donde se confeccionaban figuras de vacas, bueyes o búfalos con cartón y papeles de colores. Dentro se colocaban diferentes semillas. Los mandarines ordenaban romperlas al inicio del año chino. Después, su contenido era esparcido en el campo, se quemaban los restos y las cenizas se guardaban como señal de buena suerte.

En el siglo XII, el navegante veneciano Marco Polo las trajo de allí. Sin embargo, Walther Boelsterly Urrutia, director general del Museo de Arte Popular de Ciudad de México, argumenta que Italia era un mercado muy especial en el Mediterráneo, pues provocaba que todos los comerciantes y navegantes pararan a reabastecerse o a vender sus mercancías en la zona. Por lo tanto, según insiste Boelsterly, no puede asegurarse con exactitud que la piñata vino simplemente con Marco Polo: «También hubo colaboración con muchas otras transacciones en la zona, y eso generó un intercambio de ideas y productos».

«No hay una fuente científica para corroborar una cosa o la otra, pero la leyenda popular es que la piñata se trajo de Oriente. En sus orígenes se ponían semillas en una olla, se rompían antes de la época de lluvia para poder tener una buena época de siembra. Al llegar esta costumbre a Italia, se utiliza en los ritos de la religión católica, obviamente dominante en esa época. Y le empiezan a dar un simbolismo con ciertos motivos religiosos. Cuando las órdenes religiosas llegan a México, empiezan a utilizar muchísimos de estos símbolos», explica Boelsterly.

En las fiestas de los reyes de Sicilia, se utilizaron bajo el nombre de *pignatta*, que en italiano significa jarrón de barro. En ese tiempo se decía que las piñatas estaban llenas de «nobleza digna», de piezas de oro, joyas y piedras preciosas, como indican los estudios del MAP, que es la principal institución dedicada al tema en México.

En Italia, el primer domingo de la cuaresma era conocido como el «Domingo Piñata». Los campesinos recibían una *pignatta* u olla llena de regalos. Según esta investigación del MAP, allí también existía la costumbre de romperlas, pero estas no incluían adornos. La tradición se extendió luego a España, donde le empezaron a colocar papeles y listones. A México se le reconoce, no obstante, el diseño y el colorido actual.

Los conquistadores españoles, en su expansión territorial y religiosa en México, utilizaron la piñata como instrumento evangelizador. El MAP indica que Fray Diego de Soria, perteneciente al convento de Acolman, se convirtió en su precursor en 1586, pues en dicho lugar se celebraron las primeras «posadas», nueve días de fiestas populares antes de Navidad.

«Los misioneros españoles aprovecharon la coincidencia que existía entre la celebración del nacimiento del Niño Sol y el nacimiento del Niño Dios (Jesucristo). La celebración indígena abarcaba del 16 al 24 de diciembre, período que después de la evangelización ocuparon las posadas. Asimismo, se sabe que los indígenas mayas tenían un juego similar al de romper la piñata, llamado *Pa'p'uul* (rompe cántaro)», explica la periodista mexicana Sendy Castillo Castillejos.

Fray Diego de Soria obtuvo un permiso del papa Sixto V para la celebración de unas «misas de aguinaldos» en esas fechas, de acuerdo con Tere Vallés, de Catholic.Net. Entre pasajes y escenas de la Navidad, «para hacerlas más atractivas y amenas, se les agregaron luces de bengala, cohetes y villancicos y, posteriormente, la piñata». Con el tiempo, las posadas trascendieron el ámbito eclesial y llegaron a los barrios y casas, pasando a la vida familiar.

La investigación del MAP detalla que la piñata, en su formato tradicional, es una esfera con siete picos que simbolizan el mal, en representación de los siete pecados capitales: ira, lujuria, envidia, avaricia, pereza, gula y soberbia. Esta es una cuestión primordial para analizar el fenómeno, pues, recordando el monólogo de mi estimado Emilio Lovera, no es lo mismo apalear a la representación del demonio que a la imagen de nuestro ídolo favorito, sea La Sirenita o Superman. En un estudio sobre papel y cartonería, José Herrera, de la Universidad Veracruzana, alude a las nueve posadas que se celebran en los días citados de diciembre. Indica, sin embargo, que, además de piñatas con formas de estrella o de siete picos, también las hay con diseños de barcos, payasos o animales.

«La piñata se rompe con los ojos vendados, en representación de la fe ciega; el palo o garrote, como la virtud para vencer al diablo. Así también el relleno que cae es la caridad y los dones de la naturaleza otorgados al mundo, y el triunfo del bien sobre el mal. Todo lo anterior, dentro del marco de las posadas, tradición que se celebra antes de Navidad, conmemorando la búsqueda de un refugio para María y José antes del nacimiento de Jesús», añade la periodista Castillo Castillejos.

Walther Boelsterly Urrutia, director general del MAP, considera que se rompen en abundancia para que podamos «recibir la venida a Cristo, el 25 de diciembre, con la pureza de haber limpiado todos los pecados». Y la tradición, de alguna forma, comenzó a tomar una importante presencia en otras fechas del año.

«No solo se hacía los días anteriores al nacimiento de Cristo, sino que se empezó a utilizar como un elemento festivo en cumpleaños y aniversarios; la gente se reunía alrededor de la piñata. En México, en esas épocas de diciembre, cítricos como la lima, la mandarina o la naranja se usaban para rellenar las piñatas. Era la alegría de los niños», añade Boelsterly.

En su evolución, llegaron las bromas, empezaron a rellenarse de dulces, de dinero y de muchas otras cosas. «Se aprovecha para vender los ojos al que la va a golpear. Y esto ya ha sido, precisamente, una especie de transformación de la idea original, para venir a la celebración vistosa, alegre y con los amigos», afirma el director del MAP.

La artista Marcela López Linares creó en México un taller de piñatas en el teatro Isauro Martínez. Citada por el diario *El Siglo de Torreón*, recuerda las muchas interpretaciones sobre el origen y significado de las piñatas. Aunque admite que el más común «representa la lucha que sostiene el hombre valiéndose de la fe, simbolizada por el palo para destruir el maleficio de las pasiones»,[1] a través de los años ha variado el significado de los siete picos. Así se han abierto paso muchos héroes contemporáneos: Batman, Superman, Spiderman, o personajes de caricaturas como Nemo y el Rey León, entre otros.

¿De qué materiales está compuesta la piñata tradicional? Se trata de una olla de barro, adornada con papel o cartón y rellena de frutas. No obstante, actualmente, las piñatas trascienden las posadas y su formato. El diario *Excelsior* cita que la tradición es «una enseñanza sobre cómo la fe y una sola virtud pueden vencer al pecado y recibir la recompensa de los cielos».[2] Además, nos recuerda uno de los cánticos principales de la ocasión:

Dale, dale, dale, no pierdas el tino,
Porque si lo pierdes, pierdes el camino.
No quiero oro, ni quiero plata,
Yo lo que quiero es romper la piñata.
Ándale Juana, no te dilates
Con la canasta de los cacahuates.
Anda María, sal del rincón
Con la canasta de la colación.
Denle confites y canelones
A los muchachos que son muy tragones...

El Museo de Arte Popular de Ciudad de México, que se ocupa en conciencia de promover y difundir esta riqueza cultural, organiza cada año un concurso de piñatas. En Acolman, Estado de México, existe una diversa feria de piñatas, donde se producen anualmente hasta 18.000 unidades para ser distribuidas en otros lugares del país. Dichas acciones se celebran bajo el lema: «No rompas las tradiciones, mejor rompe una piñata».

OTROS CAMINOS

Marcela López Linares considera que el uso ha cambiado, pues ahora puede romperse en cualquier momento del año y «la piñata ya se comercializó totalmente». Según la artista plástica, México es un país de artesanos, por lo que dicha costumbre no debería perderse.

Hoy, la piñata conserva una gran impronta en América Latina, sobre todo en fiestas de cumpleaños como principal atracción infantil. Se destaca en países como Chile,

República Dominicana, Puerto Rico, Perú, Colombia, Venezuela, Costa Rica, Cuba y Panamá, entre otros.

El director del MAP recuerda que México «perdió en el pasado gran parte del territorio nacional, pero lo ha ido recuperando en el sentido positivo, y no geopolítico», a través de la cultura y las tradiciones extendidas a Estados Unidos: «Se ha ido sumando la cultura anglosajona a la latina, o la latina a la anglosajona. No importa el orden. Y creo que hemos podido sacar provecho a ambas sociedades para esta unión. Las dos tienen enormes cosas que aportar. Y yo siempre he sido de la idea de que sumando se multiplica. Entonces, en ese sentido, la piñata ha ido ganando terreno en la cultura anglosajona, no únicamente en los estados vecinos a México, sino prácticamente en todos. Incluso, los asiáticos radicados en Estados Unidos retoman la piñata para sus celebraciones. Se ha hecho muy popular en el mundo anglosajón».

Sobre la manera de romper las piñatas, antes como símbolo de pureza frente al pecado y hoy como pura diversión, Boelsterly Urrutia explica: «Puede que haya gente a favor o en contra, pero se trata de una manifestación popular. Y las manifestaciones populares tienden a transformarse y se van adaptando a las diferentes necesidades que tiene la vida. No podemos parar esta necesidad de las culturas y la sociedad. Obviamente, los puristas ortodoxos van a estar en contra de ciertas cosas, pero no podemos hacer mucho. Es la sociedad la que va haciendo los cambios. Las piñatas antes tenían un origen agrícola, que se adaptó a una necesidad religiosa. Después, esa costumbre popular empezó a convertirse con otro fin».

En algunos países se ha eliminado la tradición de dar palos a las piñatas. Simplemente se le amarran cordeles a un falso cierre. Cada niño tira de una cuerda, la piñata se desfonda y se esparcen todos los regalos. Una vez, un mexicano me contó la siguiente historia.

A principios del siglo pasado, un matrimonio con cinco hijos decidió celebrarle el cumpleaños a cada uno, pero enfrentaban un problema muy serio.

—Cinco fiestas de cumpleaños tienen un costo enorme —dijo el padre—. Por lo tanto, solo un cumpleaños tendrá piñata, no podemos pagar más.

—¿Y en cuál? —preguntó el mayor.

—En el que ustedes elijan —respondió el padre.

Los hijos se miraron unos a otros. Aunque agradecieron el gesto de sus padres, un cumpleaños, por muchos dulces, refrescos y música que tuviera, no era tan divertido si no tenía piñata. El padre leyó la frustración en sus caras y trató de explicarse mejor.

—Pagar cinco piñatas, para después romperlas a palos, es un derroche que no podemos permitirnos.

—¿Y si no las rompemos? ¿Y si utilizamos la misma en todos los cumpleaños? —preguntó el más pequeño.

Sus hermanos rieron.

—Después de haberle dado tantos palos, ¿cómo vamos a utilizar la misma? —preguntó uno.

El pequeño, al que no le importaron las burlas, pidió confiado al padre:

—Papá, quiero hablar con el artesano que hace las piñatas.

Pasado un tiempo, llegó el primero de los cinco cumpleaños, y una hermosa piñata, con muchos cordeles, colgaba del techo de la casa. En el momento de abrirla, el más pequeño pidió a cada niño que agarrara una cuerda. A su orden, tiraron duro y sobre sus cabezas cayó una lluvia de caramelos y regalos. Gozaron a más no poder. Para el asombro de todos, cuando terminó la fiesta, la piñata seguía colgando, casi intacta, solo le faltaba el fondo.

—Vamos a guardarla —dijo el más pequeño—. Para el próximo cumpleaños, con un poco de pegamento, le arreglamos el fondo y ya tenemos piñata.

Ya después, antes de dormir, el padre recordó a los niños los versos de un poema de Fayad Jamís, un poeta nacido en México que desarrolló su obra en Cuba:

Con tantos palos que te dio la vida
Y aún sigues dándole a la vida sueños
[...]
que solo sabe amar con todo el pecho,
Fabricar papalotes y poemas y otras patrañas
que se lleva el viento
[...]
Con tantos palos que te dio la vida
Y no te cansas de decir «te quiero».

Al evaluar su gran viaje hasta nosotros desde China, pienso en la figura de Marco Polo como símbolo de un proceso cultural grandioso, aunque no pueda probarse exactamente su papel. El incansable viajero fue un visionario del entendimiento universal. A edades muy tempranas acompañó a su padre a tierras orientales, donde se insertó completamente para estudiarlas. Sus fascinantes historias sobre esa civilización sorprendieron a todos en su época. Algunas eran tan maravillosas y describían ideas y tradiciones tan desconocidas que muchos incluso desconfiaron de su existencia.

Más de siete siglos lleva la piñata entre nosotros, adaptándose siempre a las circunstancias, moviéndose de lo estrictamente religioso a lo popular, mutando en sus características externas y redefiniendo sus conceptos, según las sociedades donde ha prevalecido. Aunque más adelante profundizaremos sobre el tema, resulta sintomático que hayamos pasado de apalear el mal, representado a través de las siete puntas del pecado, a golpear el objeto como método de diversión. El debate está abierto. Por ello convoqué a nuestros lectores, a través de las redes sociales, para conocer sus opiniones. Hay criterios contrapuestos en torno a la posible violencia alrededor de las piñatas. Primero reproduzco algunas cartas de amigos que no ven ningún problema en que la tradición se mantenga tal cual:

Patricia Alvarado, Venezuela:

En el primer año de vida de cualquier chamo, es reglamentaria una piñata. Claro que los chiquitos le tienen pánico. Es raro ver algún niño que no le tenga miedo a esa edad a la piñata, pero casi siempre están papá y mamá. Ellos nos guían, nos protegen y nos enseñan que hay que agarrar fuerte el palo y darle bien duro hasta romperla... Y lo mejor es esperar lo que cae, tratar de agarrar los caramelos y los juguetes. El más avispado es el que se lleva lo mejor.

Tienes razón cuando dices que la vida es una piñata. Al principio de cualquier situación le tienes miedo. Luego la enfrentas y al final te comes los caramelos que recogiste. Algunas veces muchos, otras veces serán pocos y, en algún momento, no agarrarás ninguno; pero te queda la satisfacción de haberle caído a palos a la piñata...

Orlando Furlán, Nicaragua:

Yo atravesaba una profunda depresión cuando me invitaron al cumpleaños de una de las primas de mi esposa. Llegué y me senté cabizbajo a observar cómo los niños comenzaban a quebrarla. En ese momento llevaba varios meses sin sonreír. Ese día noté que, además de que el niño de turno llevaba los ojos vendados, quien manipulaba la piñata cambiaba su posición justo antes de que el niño lograse acertarle un palazo y las personas alrededor le gritaban ubicaciones falsas de donde se encontraba. Además, había una dificultad adicional: mientras el niño de turno intentaba golpear la piñata, recibía golpes con muñecos de peluche, lo que le hacía perder aún más la concentración. Comencé a sonreír.

Llegó el turno de una niña no vidente, a quien no vendaron los ojos. Recibió el palo, sus tradicionales diez vueltas sobre el mismo sitio y toque asistido de la ubicación inicial y comenzó a intentar quebrar la piñata. Esta niña recibió exactamente el mismo tratamiento que los niños anteriores: falsas señas, movimientos repentinos de piñata y golpes de peluches. Llamó mi atención su sonrisa diáfana. Cómo, sin ningún complejo, se batía contra la piñata y seguía sonriendo como todos los niños y adultos que ahí nos encontrábamos. En ese mismo momento se disiparon las nubes negras de la depresión y reí de buena gana. La niña no vidente me transmitió a través de su sonrisa y valentía las ganas de vivir que había perdido y desde ese entonces he continuado viviendo con una mejor actitud.

Lilia Chávez, México:

Pienso que las piñatas, al igual que nuestra vida, van evolucionando con el tiempo; pero de nosotros depende no perder y conservar la esencia de la tradición. Hasta la fecha, yo festejo el cumpleaños de mis hijos con piñatas. A pesar de que ellos nacieron y han crecido en Estados Unidos, les encanta darle duro a la piñata. Siento que quizá es una forma de sentir para los niños: «Lo logré, lo hice, la rompí, y gracias a eso pude obtener lo que quería, después de luchar duro para lograrlo».

Sin duda, es como la vida misma. Tienes que luchar y darle duro, pero con alegría, para obtener lo deseado. Y claro, sin olvidar que habrá más personas a tu alrededor que se beneficiarán gracias a tu esfuerzo y tenacidad.

Dora L. Rodríguez:

En una piñata uno deposita muchas cositas que creemos hacen felices a quienes esperan romperlas. Mi hijo, de tres años, muchas veces demuestra timidez, pero en el cumpleaños de mi abuela tomó el bate y empezó a golpearla con una fuerza que ni yo misma conocía de él. Cuando le dije: «Waaao, ¿eso qué fue?», como un niño grande me respondió: «Me dio mucha confianza, mami, y quise saber lo que tenía dentro». Entonces lo veo así: la piñata, para los niños, es algo que deslumbra. La piñata se compara con la vida en que en ambas se deposita confianza y algo más, con el fin de que valga la pena. Y para hacer feliz a quien logre romper el caparazón que hay en uno mismo y pueda gozar de todo el sinfín de confites que encierra tu corazón.

Nilovna S. Osorio, Honduras:

Mi piñata también fue una gran alegría. Y, si pensamos detenidamente, cuando toca el turno de darle a la piñata, no importa cuántos golpes demos. Sabemos que en cualquier momento tiene que salir la sorpresa que esperamos. Sin importar qué es, simplemente nos llena la alegría de haberlo logrado.

Karem Gómez, Guatemala:

Nunca fui a una piñata, nunca tuve una, pero eso no impidió que fuera una niña feliz. Creo que el mejor regalo esos días de cumpleaños era estar todos juntos. A mis hijos, pues sí les he hecho piñatas y considero que les encanta, porque veo sus rostros de felicidad y alegría al darles con todas sus fuerzas.

Emily Vásquez, Honduras:

Era mi cumpleaños y todo era muy bonito, aunque ni siquiera teníamos pastel o refrescos. De repente, pasó algo lindo: llegó mami María con una piñata pequeña, que ella misma había hecho, y una bolsa de confites. Esa fue mi alegría más grande, corrí a abrazarla y fui en ese momento la niña más feliz. Recuerdo muy bien las palabras de mi abuela: «No importa que no haya nada, solo importa la piñata». Inmediatamente la guindamos y buscamos cualquier palo en el patio.

Recordando todo eso, comparo un poco la vida con el subir y bajar de aquella piñata, con el subir y bajar de mi abuela por aquellas calles vendiendo pan, solo para llevarles un poco de alimento a sus hijos. De la misma forma, contemplé con mis ojos infantiles el subir y bajar de muchas piñatas, deseando golpearlas solo para ver salir un dulce y correr a recogerlo. Pero, ¿golpear la piñata? ¿Por qué? ¿Para qué? Así como golpeamos la piñata para conseguir ese dulce secreto y deseado, también vamos por la vida, golpeando y luchando, subiendo y bajando, aferrados solamente a Dios como la piñata a la soga que la sostiene, tratando de conseguir eso que ni siquiera sabemos cómo será, el sueño de la vida.

Verónica, Honduras:

En una aldea muy pobre del sur del país, cuando era niña de primaria, recuerdo que hacíamos piñatas de ollas de barro. Las forrábamos con papel y las llenábamos de pedazos de caña, mango o cualquier fruta de la temporada. Todos esperábamos que salieran y nos tirábamos a recoger lo que tenía la piñata, sin importar que el que tenía tapados los ojos nos partiera la cabeza. Es más, para un día del niño, a un primo le abrieron la cabeza con el palo de reventar la piñata. Muchos de los niños salíamos con chichotes en la cabeza, por los pedazos de barro que nos caían, pero siempre con la ilusión por reventar la piñata.

También llegaron criterios contrarios a romperlas con palos. Dafne Morales afirma, por ejemplo: «Nunca me gustaron las piñatas, golpear y romper la imagen de algo que me gustaba tanto, nunca me pareció agradable». Ana Rivas confiesa que le resulta «descabellado darle palos al muñequito preferido de los peques». Y Patricia, en otro *e-mail*, dice que las piñatas «se hacen del personaje infantil que más gusta y quiere el niño», pero después sufre mucho al ver cómo la despedazan:

> Entonces, me quedé pensando: desde pequeños aprendemos a desbaratar lo que queremos. Luego hay una sorpresa que no se disfruta, por lo menos el cumpleañero, debido a que le desbaratan lo que más quiere. Tomando en cuenta esto, he decidido que cuando le haga piñatas a mi bebé, serán de cintas para abrirla. De cualquier motivo, menos algo que le guste y quiera.

Karilyn:

Piñata, para mí, es sinónimo de golpes, malos ratos, decepción, tristeza. De niña tuve malas experiencias con las famosas piñatas. Mi argumento se basa en mi experiencia. No me gustan las aglomeraciones de gente y mucho menos la violencia. Y eso era lo que veía desde pequeña. En primera fila estaban los niños, y detrás sus padres, alentándolos cual *coach* en un *ring* de boxeo.

Luego sacaban el majestuoso palo adornado para golpear la piñata, la cual era del héroe favorito del cumpleañero (sí, ese héroe adorado). Todos estábamos alrededor para darle palo hasta morir. Ja ja ja. Una vez que ya el pobre héroe o figura de Disney no aguantaba más, el mismo tío encargado de la piñata la tomaba entre sus manos y la rasgaba sobre todos los participantes. En ese preciso momento cumbre, donde ya todos se lanzan al suelo, unos sobre otros, es donde prevalece la ley del más fuerte.

Karla:

Hoy pienso que la forma en que abrimos las piñatas es un poco grosera: a palos. Creo que eso nos incita inconscientemente a la violencia desde niños, pues recurrimos a la violencia al golpear la piñata a palos para obtener lo que hay en su interior. Es como si nos dijeran desde niños que tenemos que herir o aprovecharnos de algo para obtener lo que queremos.

Inés M. Pino:

Íbamos pocas veces a ese tipo de fiestas, pero, cuando lo hacíamos, yo me agarraba de la pierna de mi mamá y no había poder que lograra mi participación en la aglomeración de la piñata. Me aterraba el momento en el que caía todo sobre nosotros. Temía un mal golpe en mi cabeza, y lo peor era el momento donde, sin importar nada, todos se abalanzaban sobre el contenido desparramado por el piso, cual buitres a la carroña. Allí había golpes, patadas, empujones, rasguños, gritos, llantos... En fin, para mí era muy desagradable.

María del Rosario Jaime:

No tuve piñatas en la infancia porque la situación económica no me lo permitía. Así que las recuerdo de las celebraciones que les hacían a otros. Siempre les tuve algo de temor, sobre todo en el momento donde caían las golosinas y todos corrían a tirarse al suelo y agarrar lo más que pudieran. Yo me mantenía a distancia y, si caía algún caramelo cerca, lo agarraba. Así fue.

Sin embargo, ya adulta, se nos ocurrió hacer una para la abuela, que cumplía años. Ella participó divertida de todo esto. Esta vez no me alejé mucho. Mi abuela le dio a la piñata hasta que el palo se le soltó y fue a dar (¿adivina dónde?) justo a mi cara, en el momento en que me subía los lentes. Fue así como mis dedos recibieron el impacto y no mi nariz, afortunadamente. Me animé a escribirte porque las piñatas han sido tema de conversaciones familiares. Me ha dejado la certeza de que hacemos con el país lo mismo que aprendimos a hacer con este adefesio de fiestas infantiles.

Y también recibimos otros comentarios conciliadores, que proponen soluciones para disminuir la violencia alrededor del acto de abrir la piñata:

Cruzbelin, Venezuela:

Es posible que, a mis cuarenta y cinco años, sea una de las pocas personas que aún teme a una piñata. Me da terror cuando le dan palos y los niños están tan cerca. La aglomeración de personas de distintas edades hace que los más pequeños no disfruten de recoger golosinas y juguetes. Es por ello que establecí mis normas: los cumpleaños de mis hijos son exclusivamente con los amiguitos de su edad. Pude limpiar mis traumas cuando veía a cada uno de ellos recogiendo sus propios juguetes y golosinas, sin maltratarse, porque son de la misma edad.

Doris, otra amiga, también sugiere sus propias soluciones a partir de un caso que conoció. Me cuenta la historia de una niña a la que le hicieron una hermosa piñata en forma de poni:

Ella adoraba esa piñata. La tenía en su habitación desde mucho antes del cumpleaños. El día de la fiesta, cuando tocaba tumbarla, la niña se puso a llorar para que no le golpearan su piñata. Lloró tanto que vomitó, le dio fiebre y diarrea. Hubo que llevarla al médico. Imagínate el drama y el trauma de esa niña con su querido poni. Al principio todos bromeaban, pero la reacción de la pequeña fue muy triste. Es mejor no dejar que los niños se encariñen con las piñatas.

Jeannette también narra su experiencia, que clasifica en el apartado de soluciones creativas en el acto de golpear la piñata:

Imagínate las veces que le di palos a una piñata. Las disfruté mucho. Recuerdo que mi objetivo era quedarme con un pedazo de la piñata, para guardar en él la cantidad de juguetes que recogía. ¡Imagínate! Me encantaba, gozaba un mundo. Y más cuando todos decían: «Mira cuántos juguetes tiene Jeannette». Me hacía sentir orgullosa y poderosa por mi trabajo. A pesar de mis sesenta años, no dejo de esperar a que tumben la piñata, pero esta vez para darles los pedazos a mis sobrinas y amigos. Todavía no tengo nietos.

Y Candelaria Estrada Lucero, de Estados Unidos, expone cómo a veces se hace presente la gracia divina. Ella recuerda su adolescencia, cuando formaba parte de un grupo de oración y reflexión en la Iglesia Católica. En vísperas de Navidad, celebraban su posada y esperaban ansiosos el momento de romper la piñata:

El primer año, teníamos todo listo, la piñata colgada, llena de dulces y todos felices alrededor, cuando uno de los compañeros, igualmente feliz, pasó junto a ella con una lucecita de bengala y se quemó nuestra piñata en solo unos segundos. No pudimos darle un solo golpe. El segundo año volvimos a preparar todo con mucho cuidado. Igual ya estaba colgada la piñata y llena de dulces. Para evitar el accidente del año anterior, compramos una piñata de barro, pero fue tanto el peso de los dulces que se cayó al suelo y se rompió sola, antes de poder darle un solo golpe...

Estos dos sucesos nos hicieron reír y divertirnos mucho. No teníamos necesidad de luchar contra ningún pecado... Vivíamos una etapa de gracia muy hermosa y podíamos disfrutar del amor de Dios, sin necesidad de dar un solo golpe.

Janette Centeno:

Desde los dos años, le hemos celebrado el cumpleaños a mi pequeña hija, incluyendo la respectiva piñata. Desde la primera vez, no le gustaba darle con el palo, se ponía a llorar, y esto sucedió hasta que cumplió los cuatro años, pero aun así no le gusta pegarle fuerte. Creo que, en parte, lloraba porque con el palo destruye lo bonito de su piñata. Por supuesto, nunca la obligué, porque me sentí como ella, no me gustaría destrozar las piñatas.

Los niños crecen y ven a otros celebrar los cumples con piñata. Indudablemente, la tradición casi que nos obliga como padres a preparárselos igual, y sería impensable que no la tengan. Pienso que sería fantástico para todos los niños que las piñatas se halaran con una soga o cuerda, y que caiga el contenido sin riesgo de recibir un palazo. Sería una forma más amigable y todos deberíamos contribuir a eliminar poco a poco esa tradición de darle palo, que les destruye la ilusión a los pequeños y les enseña a usar la violencia en cierto sentido. Tendríamos mejores cumpleaños.

Cristian J. Jiménez:

Sin duda, la manera peculiar de abrir una piñata es la que hace que cambie el ambiente en una fiesta de cumpleaños. Traducido a nuestra vida, podemos comparar la forma en que esta se ve golpeada por tantas personas o situaciones. Unas nos pegan con tan poca fuerza que no modifican ni siquiera nuestro exterior, mientras que otras son tan poderosas que hacen que brote de nuestro interior lo mejor o lo peor; pero cada una de ellas deja una huella. Mientras que la soga la vemos reflejada en las circunstancias, personas, creencias o convicciones que nos llevan hacia un lado o hacia el otro, esquivando esos golpes que otros se han encargado de dar.

CAPÍTULO II

SIETE PUNTAS
PARA UNA PIÑATA

Solamente una vida dedicada a los
demás merece ser vivida.

ALBERT EINSTEIN

COMO LA VIDA MISMA

La piñata es un mar de contradicciones, como la vida misma. El elemento que mejor expresa el ánimo de la fiesta, por ejemplo, es el menos apetecido por los niños: las serpentinas y los pequeños papeles de colores. Nadie se coloca bajo una piñata para esperar tiras de papel, sino en busca de regalos «más consistentes»: juguetes, caramelos u otras golosinas. Pero, en realidad, si analizamos el fenómeno desde lejos, el «efecto fiesta» se produce cuando las pequeñas y coloridas cintas saltan por los aires y se dispersan entre la multitud. Contradictoriamente, nadie las espera, constituyen el material menos costoso y el

45

que nada vale en nuestras manos después de abrirse la piñata. Aunque el confeti y los papelillos son los reyes de la celebración, nadie se los lleva a casa como muestra de éxito. Ahora bien, si probamos a extirparlos, se evapora el alma de la piñata; pero, insisto, no conozco a nadie que los reclame como regalo. Es un gran retrato del excesivo poder que lo material tiene en nuestras vidas, frente a otros «productos» que no se acumulan, pero que nos llenan de alegría y satisfacciones.

A los cinco años, recuerdo una piñata de cumpleaños en mi casa de El Caney, en Santiago de Cuba. No consigo traer a mi memoria todos los detalles, por la corta edad de entonces, pero sí la algarabía de la fiesta. Era en forma de barco, pintada de azul, con un gran mástil y una vela, y estaba llena de caramelos, silbatos y globos, pero con muy pocos juguetes. Aunque yo era más bien tímido, la fiesta me hacía gran ilusión. Habíamos invitado a familiares muy queridos y a casi todos los niños del barrio. Aquellas fiestas cubanas empezaban siendo infantiles y terminaban con una segunda parte solo apta para adultos. Así aprovechábamos para reunir a toda la familia.

Al menos en esa época, los cumpleaños santiagueros seguían una dramaturgia bastante similar. Primero actuaban los payasos, luego repartían unas pequeñas cestas con caramelos; más tarde, las cajitas con *cake*, ensalada fría, croquetas y los refrescos. Después de comer, y de embarrarnos de merengue hasta el pelo, empezaban los juegos divertidos, como el de ponerle el rabo al burro con los ojos vendados; las rifas de juguetes, y luego el clímax, con la apertura de la piñata. Me imagino que la «liturgia» es más o menos parecida en muchos países. La diversión tiene mil maneras de expresarse, pero casi todo rueda alrededor de la comida —con la tarta como reina absoluta— y de los juegos infantiles.

Mi barco-piñata zarpó aquella tarde a toda vela y con viento a favor, pero sin llegar a buen puerto. A la hora de halar la cuerda, se produjo lo que en jerga cubana popular se conoce como «la matazón», y decenas de niños cayeron unos sobre los otros. Recuerdo haber visto cómo dos amigos, más pequeños que yo, lloraban en el piso, clamaban auxilio, sin que nadie pudiera ayudarles a salir de aquella tormenta. Aunque se trataba de mi piñata de cumpleaños, no me atreví a entrar al combate; ni siquiera en mi propia casa. A veces los más fuertes, que en este caso eran los niños de mayor edad, imponían la ley de la selva allí donde los invitaran. Afortunadamente, la experiencia no pasó del susto. Pero no hay nada peor que un fin de fiesta con llanto de niño que, además, muy probablemente se ha quedado sin regalos.

La gran metáfora de este libro conduce a preguntarnos si estamos dispuestos a vivir en «modo piñata», más allá de nuestras opiniones sobre el hecho en sí. ¿Viviremos eternamente colgados de una cuerda, adornados por fuera, llenos de objetos colocados por otros? ¿Seguiremos a la espera de que una fuerza externa nos rompa a golpes? En el mejor de los casos, ¿esperaremos a que otros nos halen las cintas con fuerza? ¿A que nos bamboleen hasta quebrarnos, para que otros se rían o lloren al descubrir lo que llevamos dentro?

La escena del barco-piñata estaba medio olvidada entre mis recuerdos, pero emergió nuevamente al analizar las aristas del fenómeno en nuestras vidas. Y esto me llevó a evaluar ciertas categorías y actitudes humanas en torno a la piñata, que se dan también en muchas otras circunstancias de la vida. Veámoslas en profundidad, porque creo que vale la pena.

1. FASCINACIÓN POR LA RULETA

*La felicidad humana generalmente no
se logra con grandes golpes de suerte,
que pueden ocurrir pocas veces, sino con
pequeñas cosas que ocurren todos los
días».*

BENJAMIN FRANKLIN

Hay conceptos que encierran peligros, porque reflejan perfectamente el determinismo de quienes lo fían todo a eso que llaman el destino. El término ruleta, que viene del francés *roulette*, derivado de *rouler* (rodar), es un ejemplo claro. Se trata de una rueda giratoria utilizada en juegos de azar, pero no necesariamente tiene que ser «rusa» (modalidad letal, relacionada con armas de fuego) para ser considerada violenta. Nos acercamos a la piñata con una actitud primaria: vamos a una ruleta a ver qué nos toca. Y, si conseguimos algo, será lo que ha decidido otro en función de sus intereses. En este sentido, la piñata es una doble ruleta: solo obtendrás un regalo si eres capaz de vencer a tu amigo, en una batalla muchas veces cruel. Y el premio incluso podría disgustarte, porque lo ha elegido otro por ti.

Las ruletas dependen de la «suerte» y están muy relacionadas con el mundo del esoterismo. Es un juego de lotería, donde el premio es una pura cuestión azarosa, no vinculada directamente al esfuerzo ni al talento de los concursantes. Por ejemplo, el mayor sorteo europeo —Euromillones—, reparte 15 millones de euros dos veces por semana en varios países de esa región, pero varias veces ha superado los 100 para un único acertante. Ganarlo es una auténtica casualidad por el descomunal número de combinaciones posibles. Los expertos estadísticos creen que la probabilidad de acertar el primer premio es de 1 entre 117 millones de combinaciones posibles.

A principios de 2016, la lotería Powerball, de Estados Unidos, acumuló 1.500 millones de dólares, el mayor premio de la historia. Tras una gran expectación mundial y largas filas en todo el país, tres personas lo consiguieron. Según los expertos, Powerball es incluso más difícil que Euromillones, pues el jugador solo tiene una oportunidad entre 292 millones de combinaciones. «O casi las mismas que las de lanzar una moneda al aire y que salga cara 28 veces seguidas» o «contar electrones o gotas de agua en el océano», explicó entonces a la agencia AP Jeffrey Miecznikowski, profesor de Estadística de la Universidad de Búfalo en Nueva York.[3]

Peligros de la ruleta

El azar y la piñata podrían funcionar como diversión, siempre y cuando no ocasionen trastornos de la conducta y otras dependencias; pero la ruleta no resulta una buena herramienta de vida y transformación personal. Nuestra existencia no puede abandonarse a la suerte, ni a lo que otros determinen para nosotros. Como ha quedado demostrado tantas veces, las casualidades solo favorecen a un número muy reducido de personas, casi insignificante. La gran mayoría de los triunfadores han trazado su propio camino; con la ayuda de otros, seguramente, pero basándose en el esfuerzo, el talento, la construcción de valores y la generosidad.

¿Vamos a conseguir lo que necesitamos para ser plenos en la vida? ¿O esperaremos a que caiga de la piñata? Si apostamos por la ruleta, nos convertiremos

en parásitos de nuestra propia fe. En algunas piñatas, a los niños les vendan los ojos con cierta fe ciega, pero, en la vida, la fe debe tener ojos y sentidos, es una fe con visión. Jamás me he manejado con el concepto de la fe ciega. Precisamente, no estoy de acuerdo con vendar los ojos en la piñata, y menos con darle palos, porque así no debemos vivir. En realidad, uno apunta a un destino, y va hacia allá.

En mi caso, si hubiera vivido sin proyectar, sin crear, sin usar la mente y lo que Dios nos concedió — el libre albedrío, la voluntad, la disciplina para creer, crear y crecer —, mi fe consistiría en dar palazos a ver por dónde se rompe la piñata. Quien vive así no puede llegar a sus objetivos. Vive a expensas de la lotería de la vida y de acontecimientos poco probables. La gran pregunta es qué haces tú, además de comprar ese boleto. También existe una tendencia entre los ganadores: muchos terminan perdiéndolo todo porque nunca se prepararon para administrar una gran fortuna. No supieron qué hacer con el dinero.

Hay otros puntos interesantes en la teoría de la ruleta debido a su fanatismo. Existe una especie de «adicción a la suerte», a eso que algunos llaman «buena o mala suerte». La piñata es un juego de azar porque no conocemos lo que hay dentro. Cuando abres un paquete, tampoco lo sabes, pero la vida no puede ser así. Como abordamos en la conferencia «Creer, crear, crecer», que llevamos en 2016 a varias ciudades de América Latina y Estados Unidos, debemos tomar el control con la actitud que fomentemos y revisar nuestras creencias. Hacerlo nos permitirá crear primero, y manifestar nuestra realidad como resultado del proceso de visualización creativa. **El que manifiesta constantemente este ejercicio de creencias y creación está en proceso de crecimiento permanente.**

Los límites del destino

Pero ¿hasta dónde estamos regidos por la suerte? Efectivamente, como he dicho en otras conferencias, el destino no es como la mayoría lo aprecia. El catedrático Carmona Nenclares nos remite al concepto griego de destino, donde prevalece, según él, «la necesidad de la rebeldía frente a la necesidad del hado [en la tradición clásica, fuerza desconocida que obra irresistiblemente sobre los dioses, los hombres y los sucesos, según la RAE] para realizar la armonía, la libertad, de que nuestro ser y el ser están empapados».[4] En la filosofía antigua, hay visiones contradictorias que reconocen la posibilidad de la «rebeldía» del hombre frente al destino, pero consideran que casi siempre conduce al fracaso.

Después de escuchar ambos criterios, mi opinión es que **destino no es mirar al futuro, sino vivir las huellas del camino**. Existe una enorme diferencia entre encomendarnos a un futuro desconocido y labrarnos todos los días, con cada paso, nuestro propio destino. Debemos pensar en el destino como un concepto en progreso continuo. Ese destino, en tiempo futuro, está hipotecado con cada acción y cada huella que vamos dejando a nuestro paso en el camino. El destino no viene de un juego de azar, aunque de la piñata de la vida nos caen eventos inesperados. En su gran mayoría, muchas de las acciones que emprendemos son la raíz de la reacción que conseguimos como resultado.

O sea, **nuestro destino será mañana lo que hemos caminado hasta hoy.** Se trata de una filosofía que no observa a la piñata como un juego de azar. Y donde dice «piñata» pongamos «nuestra vida». Pero, insisto, la mayoría de las personas viven como si se tratara de un juego de azar. Su existencia es como una piñata sin rumbo. Muchos permanecen en «modo piñata»: esperan tranquilamente a ser golpeados o jalados, sin tomar responsabilidad en la cocreación de su ruta de vida. Siempre digo cocreación, porque no soy ateo, creo en Dios, y pienso que hay una conspiración, una inteligencia divina a la que uno se conecta.

El riesgo de la victimización

Durante mucho tiempo sentí que era víctima de la vida y de mis circunstancias y herencias. Por eso considero que todo aquel que vive un proceso de victimización está encerrado en una piñata: va para donde vaya el viento, para donde tiren las sogas, para donde les den el golpe. Y si nadie te hala o golpea, te quedas ahí colgando, estático. Eres prisionero de la piñata. Una piñata muy adornadita, eso sí, pero eres un esclavo. La gente te mira y dice: «Ay, qué linda la piñata, qué de colores tiene». Y te valora desde fuera, porque por dentro nadie sabe cómo estás ni lo que tienes de verdad. Estás ahí, como un búcaro. Por eso no debemos ir por la vida siendo una piñata. Lamentablemente, muchas lo siguen siendo, dependen de la acción de otros para moverse. Si nadie hace nada, ahí se quedan.

Al respecto, Tommy Newberry denomina «la gran mentira» al hecho de que muchas personas hayan sido engañadas, «haciéndoles creer que no serán hechas responsables por sus decisiones y que milagrosamente cosecharán algo diferente a lo que plantaron». Según el autor de *El éxito no es casualidad*, tal «distorsión peligrosamente popular promueve la mediocridad y el bajo rendimiento».

En otra parte de la carta que me envió, Karilyn se refiere al factor suerte, a lo que ella denomina «el botín»:

La vida en una piñata no es «chévere». Ya de adulta he visto este mismo espectáculo una y otra vez, pero desde una posición pasiva y con una visión periférica. Estoy convencida de que ese momento saca la esencia de la personalidad de cada uno de nosotros. El «botín» se convierte en el tesoro más preciado, cuando en realidad lo que hay dentro es lo más económico de la fiesta. Vivimos en un mundo donde solo nos importa ganar, no importa el premio. Solo ganar y ser reconocidos como «el más vivo», «el más rápido».

2. ¿NECESIDAD O DESEO?

Nuestro deseo desprecia y abandona lo que tenemos para correr detrás de lo que no tenemos.

MICHEL DE MONTAIGNE

A la piñata nos acercamos con deseos de ganar, o por una supuesta necesidad de autoafirmación. En ese proceso, algunos disfrutan el combate y la idea de imponerse a los demás. Pero, ¿cuál es la diferencia entre deseo y necesidad? Los expertos afirman que una carencia muy intensa se convierte en necesidad. En todos los seres humanos subyacen necesidades básicas, que tienen una raíz biológica, pero están condicionadas por el medio social, según explica el profesor Plácido Guardiola Jiménez. El famoso psicólogo norteamericano Abraham Maslow, en su teoría sobre los cinco tipos de necesidades, aporta luz sobre el tema.

La pirámide de Maslow plantea una jerarquización de las necesidades humanas. En la base, las **fisiológicas** (respiración, alimentación, sexo, descanso); las de

seguridad (trabajo, salud, estabilidad, familia) y las de **afiliación** (afecto, amistad, pertenencia). En la cima, las necesidades de **estima** (autorreconocimiento, confianza, éxito) y de **autorrealización personal** (resolución de problemas, creatividad, espontaneidad). De acuerdo con Eduardo Amorós, las primeras plantas de la pirámide se conocen como «necesidades por deficiencia», cuya satisfacción es indispensable para que una persona sea sana, física y psicológicamente. Sin embargo, las «necesidades de crecimiento» encabezan la pirámide, y su satisfacción ayuda a que el individuo se desarrolle como ser humano.

Lo abordo desde este punto de vista porque en la piñata de la vida muchas veces confundimos necesidades con deseos, y terminamos perdiendo el rumbo. La profesora Dolores Castrillo Mirat, en su artículo «Necesidad, demanda, deseo»,[5] del *Diccionario crítico de ciencias sociales*, considera que el **deseo**, en el sentido de Freud, es «deseo inconsciente», que «no camina en el sentido de la supervivencia y la adaptación», a diferencia de la necesidad. «Es un deseo que por el contrario daña, es al mismo tiempo un deseo indestructible, un deseo que no se puede olvidar porque es esencialmente insatisfecho. A diferencia de la necesidad, no es una función vital que pueda satisfacerse».

Saber distinguir

El deseo es un acto voluntario frente a la demanda de cubrir una necesidad. **Cuando nos acercamos a la piñata de la vida, muchas veces convertimos, de manera forzada, los deseos en necesidades.** Y otro peligro, muy frecuente en la relación con nuestros hijos, sobrinos o nietos, es querer acceder a todas sus demandas (que no necesidades), para no frustrarlos. Así nos arriesgamos a convertirlos en seres humanos caprichosos y prepotentes, como advierte la investigadora Liliana Giraldo. No hay nada malo *per se* en el deseo, siempre que sepamos gestionar las prioridades en un ecosistema en el que todos estamos conectados de algún modo. ¿Qué sientes al arrimarte a la piñata? ¿Deseo o necesidad de conseguir un premio?

A veces los deseos nos esclavizan. Debemos analizar cuidadosamente el tema, porque nuestro ego constantemente crea deseos. El mejor ejercicio de inteligencia emocional, racional y cognitiva es evaluar esos deseos. Deberíamos saber concluir cuáles son superfluos, aunque terminemos otorgándonoslos, y cuáles deberíamos abandonar. Además de investigar cuáles deseos se convierten en una necesidad, porque son imprescindibles para crecer, superarnos y buscar el éxito.

Al morir mi abuelita, mi mamá me dijo por teléfono: «Ismael, quiero salir de Cuba. Ella ya no está. Tus hermanos son mayores y tienen sus propias familias». En la búsqueda de entender cuál era su necesidad o deseo, le pregunté: «¿Porque deseas salir de Cuba?». Y ella respondió: «Bueno, porque creo que estando cerca, tu vida va estar mejor. Vas a estar mejor atendido, te voy a poder cocinar, lavar, planchar, atender... Llevas tantos años solito...».

Y entonces le dije: «Respuesta equivocada. Hablemos dentro de tres días, porque llevo muchos años fuera de Cuba sin ti, en Toronto; he pasado épocas difíciles, pero no morí de hambre, a pesar de pedir limosna. Sencillamente, sobreviví». Y también es verdad que no me gusta planchar, pero me tocó hacerlo cada día. Aprendí a gestionar mi vida y jamás salí estrujado a la calle. «Entonces, hablemos dentro de tres días. Encuentra otra respuesta dentro de ti», repetí.

Tras la pausa acordada, volvimos a conversar. Su respuesta fue la siguiente: «Bueno, lo he pensado mejor. Tengo deseos de salir de Cuba para ayudar a tus hermanos». Mi mamá tenía entonces cincuenta y siete años y residía en un pequeño pueblo de Santiago de Cuba. Su vida era comunitaria, nunca había estado realmente sola. En casa siempre estuvo acompañada y sus vecinos eran como de la familia. Yo sabía perfectamente que sacarla de Cuba implicaría un esfuerzo de su parte. Por ello, la razón principal del viaje tendría que ser muy personal, auténticamente fuerte, casi una necesidad de vida. Pero no por el simple deseo de complacer a los demás, aunque se tratara de sus propios hijos.

En realidad, mi madre estaba segura de lo que quería, pero prefería pensar que su decisión iba más en ayuda o auxilio de sus hijos. En verdad, es una madre que ha puesto su vida muchas veces en un segundo plano por levantar al primero la nuestra: sus tres hijos. Yo quería que ella se pusiese primero en un *close up* grande, aunque para ello sintiera que estaba siendo egoísta. En realidad, su decisión tendría que satisfacer una necesidad propia, para que fuese sólida y contundente. Su espíritu altruista y de madre ya estaba presente.

De esta manera, y tras conversaciones de varias semanas, no conseguimos llegar a una conclusión adecuada. Sus respuestas seguían sin convencerme. Yo quería asegurarme de que no me iba a sentir responsable de su infelicidad, en una ciudad tan diferente como Miami, con otro estilo de vida.

Este tema lo he abordado en varias charlas, porque suele ser complicado para las mujeres. La presión social, el papel de madre y esposa, la dedicación como verdadera proveedora del hogar, hacen que muchas mujeres cumplan con los deseos y necesidades de otros, pero no coloquen los suyos primero.

Pasaron casi tres o cuatro meses, no recuerdo exactamente el tiempo, hasta el día en que mi madre me dijo por teléfono: «Ismael, he pensado que me quedan, no sé, unos cuantos años de vida... Y creo que siempre me he puesto primero como hija, porque desde los diecisiete años tuve que dejar los estudios para ponerme a trabajar». Mi mamá, Tania López, mantenía económicamente a mi abuela Annea, quien nunca trabajó fuera de casa. A ella correspondió esa responsabilidad, pero también la de ser madre soltera, con tres hijos a cargo. La verdad es que ha sido una guerrera.

En la llamada definitiva, me dijo: «Creo que he llevado una vida llena de sacrificios. Sería muy lindo pasar mis últimos años con una mejor calidad de vida. Y aquí siento que la realidad me está asfixiando. Quiero explorar, aventurarme a tener una vida mejor». Entonces respondí: «¡Bingo! ¡Respuesta acertada! Te has puesto a ti primero, saldrás porque quieres una mejor calidad de vida». No obstante, le hice otras preguntas: «¿Es la necesidad de una mejor vida tan fuerte como para comprometerte a aprender cosas nuevas en un país desconocido?». Y me dijo rotundamente que sí.

Su necesidad debía ser la base para otros deseos muy fuertes y sentirse feliz. Por ejemplo, aprender a conducir un automóvil. «Tú no sabes manejar. Nunca necesitaste un auto, pero, al venir a una ciudad como Miami, si no estás dispuesta a aprender, a ser independiente y a movilizarte por tus propios medios, te vas a quedar encerrada en casa, con una depresión fatal. En esa situación, vas a morir en tres años», le expliqué con toda la solemnidad de la ocasión.

Y mi mamá, a los cincuenta y ocho años, salió de Cuba con una necesidad auténtica y un deseo verdadero de crecer, de mejorar su calidad de vida. Considero que ella representa un gran ejemplo, porque muchas personas, incluso más jóvenes, no logran llegar a tales conclusiones ni lanzarse a la batalla con actitud de éxito. Hay gente que no encuentra dentro de sí el deseo auténtico de decir: «Voy a hacer esto porque voy a mejorar mi vida, porque es una apuesta para mi calidad porque voy a tener un mejor futuro, porque voy a invertir en mí. Y, siendo yo mejor, van ser mejores mis hijos y mi familia».

Hoy me enorgullezco de mi madre. A sus sesenta y ocho años, es una persona que ha rehecho su vida con un círculo social importantísimo en Miami. Es totalmente independiente, maneja su auto, tiene su grupo de amigas, con las que viaja y comparte, e incluso viajó a Europa en un crucero durante dieciocho días. O sea, realmente para mí es un gran resultado. Cualquiera me recriminaría que la puse contra la pared, pero lo importante es que hizo el ejercicio de encontrar cuáles son sus necesidades y deseos. Porque, si no lo conseguimos, muchas veces se nos nubla la vista. ¿En qué piensa la gente habitualmente? En temas de estatus material. Ahora, es importante conocer nuestros deseos y necesidades. ¿Sabes por qué? Porque **muchas personas son capaces de violar sus principios para satisfacer sus necesidades**. Ese es un concepto que le escuché decir a Tony Robbins, y que me dejó pensando. Es la pura verdad.

Consistencia con nuestros principios

Por ejemplo, uno de mis principios es no decir mentiras, ser honesto y transparente. Sin embargo, estuve dispuesto a violarlo en función de una necesidad, la misma de mi mamá cuando habló conmigo: salir de Cuba. En mi caso, me preguntaron: «¿Sabes hablar inglés?». Y yo no conocía el idioma, pero entendía que mi necesidad era rehacer mi vida fuera de la isla. Deseaba explorar y conquistar el mundo. Era una idea trabajada durante tanto tiempo, tan fuerte en mí que fui capaz de violar uno de mis principios de vida y dije una mentira: «Sí, hablo inglés». No tenía opción si deseaba ser escogido como maestro de ceremonias del viaje a Toronto con una delegación artística cubana.

Pocas veces en mi vida he mentido, y por ello es importante que lo discutamos. En algunos momentos, las necesidades van a ser tan fuertes que vamos a claudicar en principios para intentar satisfacerlas. Entonces debemos escoger si son necesidades esenciales de vida, que nos harán crecer, o si son superfluas y no vale la pena renunciar a los valores.

En este punto quiero aclarar que aquella mentira no hizo daño a nadie. Siempre hay que diferenciar entre distintas actuaciones. Hoy lo cuento y no me arrepiento, porque ninguna persona resultó afectada. Los empresarios me eligieron tras ver mi trabajo como presentador, pero el problema era que no hablaba bien el inglés. Luego hice mi trabajo excelentemente, porque, desde el momento en que acepté la propuesta, empecé a tomar clases intensivas y preparé los posibles escenarios de preguntas y respuestas. Es cierto que cometí pequeños errores, sobre todo con la pronunciación, pero el público se divirtió muchísimo. Al final, eso le dio un matiz de autenticidad al espectáculo: todos supieron que el animador venía directamente de La Habana; no era un cubano residente en Canadá.

En este tema también recibí opiniones de los lectores habituales. Por ejemplo, la de Julia H. Bermúdez, de Guatemala, quien fundamenta su rechazo a los palos con una valoración sobre nuestros verdaderos deseos y necesidades, que además me sirven de conexión con la siguiente «punta» de la piñata:

La piñata es hermosa y tiene un tesoro por dentro (deliciosas golosinas de todos tamaños y colores y algunas veces hasta pequeños premios, como anillos o pulseras). Es tan bella que todos la admiran al llegar a la fiesta. Luego, la agarran a palos para obtener lo que tiene por dentro. De la misma manera en que algunas personas «agarran a palos» a otras para beneficiarse de su riqueza interior, sin darle importancia a que el resultado sea dejarlas hechas trizas. También se puede obtener lo mejor de alguien tratándolo con amor (jalando la soga) y sin causarle daño, buscando beneficio para todos.

Se presenta la violencia para obtener los dulces. En general, se reparte lo que cae, que en realidad no se reparte, sino que cada quien se lanza a tomar lo más que puede. Como en la vida real, muchas personas se lanzan y acaparan todo lo que pueden sin importarles los demás, aunque al final no se coman todo lo que recogieron y lleguen a su casa para tirarlo al bote de la basura. Me da pena que todo esto se ve como «normal» porque es parte de nuestra cultura, tanto quebrar una piñata en una fiesta como la violencia con que nos tratamos dentro de la sociedad.

3. Vida (solo) material

Si soy lo que tengo y lo que tengo lo pierdo, entonces ¿quién soy?

Erich Fromm

El día de su cumpleaños, Enrique pidió a sus padres dos piñatas: una para sus amiguitos y otra para él solo. Según dijo, no le gustaban las algarabías ni mucho menos el zarandeo al romperla. Ellos lo complacieron.

Llegó el día. Antes de comenzar la fiesta, entró al cuarto donde colgaba escondida su piñata llena de caramelos y regalos. Tomó un palo y la golpeó, pero, sorprendentemente, no consiguió abrirla. Entonces, la apaleó más fuerte, una y otra vez… ¡Tampoco!

—¡Que piñata más dura! —se dijo, y llamó a sus padres.

—¡Vengan al cuarto, por favor, esta piñata no se abre!

—No llames a nadie, querido Enrique, yo misma te diré por qué esto no funciona —oyó el niño, que, sorprendido, miraba hacia todas partes.

—¿Quién habla? —preguntó, tratando de encontrar a alguien detrás de las cortinas, debajo de la cama o dentro del clóset.

—No busques a nadie… Soy yo, la piñata…

—¡Déjate de bromas! Dime quién eres. ¿Dónde te escondes?

—Mira para arriba.

Entonces obedeció y, con asombro, vio a la piñata que lo observaba desde lo alto, con cara de pocos amigos.

—¿Una piñata que habla?

—¡Sí!… ¿Quieres saber por qué sigo cerrada?

—Te habrán echado mucho pegamento…

—Nada de eso. No me abro porque fui creada para divertir a todos los niños, no para complacer el egoísmo de uno solo.

—¿Egoísmo? ¿Me llamas egoísta?

—Sí, porque quieres una piñata solo para ti.

—Es que me da miedo que me empujen y me rompan la ropa.

—Parece que pretendes que todo te caiga del cielo muy fácilmente.

Entonces, el niño se enfadó con su extraña interlocutora.

—Señora piñata, perdóneme por lo palos, debe sentirse muy adolorida; pero no soy egoísta y sí lucho por lo que quiero.

—¿Y por qué me deseas para ti solo sin esforzarte, sin darle oportunidad a los demás?

Enrique se rascó la cabeza. Las palabras de la piñata lo pusieron a pensar.

—Te voy a proponer algo. Cuélgame allá afuera, en la sala de la casa, e invita a todos tus amigos. Ya verás cuántos regalos repartiré y cuánto nos vamos a divertir todos. ¡Anda, disfruta tú también!

—¿...Y si me empujan?

—Intenta esperar mis regalos sin golpear a los demás. Lucha un poco, pero siempre limpiamente, sin violencia.

—¿Y si no logro agarrar lo que quiero?

—En otra piñata lo lograrás. En la vida hay muchas oportunidades por delante. Verás lo hermoso que es disfrutar y compartir con tus amigos.

La anterior es una historia de ficción que imaginé antes de dormir, mientras recordaba otra, que sí era alucinante y real. En Panamá, un joven profesional, de unos treinta años, me contó una anécdota increíble: en varios cumpleaños, su madre se vio obligada a comprarle dos piñatas.

—¿Cómo es eso? —indagué enseguida—. ¿Por qué?

Entonces me explicó su peculiar historia:

—Yo no quería compartir mis regalos con los niños que venían a la fiesta. Por eso teníamos otra piñata para los invitados. Y, cuando esos niños se iban, mi mamá me ponía la mía, y yo solito la jalaba. Todo lo que caía era solo para mí. Poco a poco iba abriendo todos los regalos, cajita por cajita.

Más adelante le pregunté:

—¿Fuiste a un psicólogo para analizar esa situación, para verte ese problema?

—Eso fue hace muchos años —respondió—, ya luego aprendí a compartir. Ya no soy así. Ya no quiero la piñata para mí solo.

Aunque extrema, se trata de una linda anécdota. Nunca había conocido a nadie que en sus fiestas de cumpleaños exigiera una «doble piñata» porque necesitaba una extra para disfrutarla individualmente. Tal historia de transformación es un gesto que merece ser contado para entender dónde radica el éxito y dónde está el disfrute si uno comparte lo que tiene.

¿Qué hacemos con tantos regalos si no podemos celebrar el momento de compartir? Incluso, en los avatares de la piñata hay un momento de celebración en el que todos nos sorprendemos, enseñando e intercambiando lo que nos correspondió: «Mira lo que me tocó. ¿Y a ti? ¡Ay, qué bonito es el tuyo!». Ese es el gran momento de compartir en grupo, quitándole obviamente las situaciones violentas. Porque, al final, con las piñatas sucede lo mismo que con la vida: no todo es lo que aparenta, no todo lo que brilla es oro. Y, a veces, muchas cosas que caen de la piñata, envueltas en papel dorado brillante, tienen en realidad un escaso atractivo. Cuando las abres, el regalito puede ser minúsculo, porque la caja está llena de papelillos. Quizás había una pelota chiquitita, pero te imaginaste un tren eléctrico o una linda muñeca. Hay que aprender a no darle demasiada importancia al tamaño o apariencia de los objetos materiales, a crearnos menos expectativas de lo incierto, aunque en el pasado hayamos sufrido las peores vicisitudes. Tony Robbins, en una frase genial que nos hace pensar profundamente, nos recuerda: «Cambia tus expectativas por agradecimiento y tu vida se convertirá en milagrosa».

A través de los lectores conocí un caso parecido, aunque con otra dimensión. Luis, desde Venezuela, considera que todo niño no solo quiere romper la piñata, sino ser «el único» en golpearla:

> Era tanto el estrés para un niño de nueve años que, al ver pasar uno tras otro a mis hermanos, primos y amigos, pasé de una bella sonrisa a acumular toda la rabia que se puedan imaginar. Aquel niño que disfrutaba de su fiesta de cumpleaños terminó en su cuarto, llorando mientras el resto disfrutó de todo el azúcar dentro de la piñata. Solo puedo decir que, con el tiempo, he aprendido a no encerrarme en mi cuarto y a, básicamente, comprarme mis piñatas.

Todos tenemos nuestras historias particulares, pero insisto en que la clave radica en compartir. A propósito del rol que juegan los objetos en nuestras vidas, me escribió Marcos, desde Chile:

> Yo era de aquellos niños que no agarraba nada o casi nada de dulces, pues no me gustaba la idea de arrojarme encima de otros y estar a los empujones por un puñado de dulces. Así que, cuando entendí de qué venía el asunto, asumí que no recibiría gran cantidad de dulces, y al final ni me acercaba al «sector piñatero».

La verdad es que claramente veo un símbolo de competencia y un paradigma de escasez involucrado. Yo, a diferencia de mi padre, creo en la abundancia, y en que hemos recibido y heredado un equivocado paradigma de escasez. El universo es abundante, es tan simple como agarrar una semilla de zapallo (¡verdadera, por favor!). ¡Y no podrás creer la cantidad de alimento que te regalará! ¡No sabrás qué hacer con tanto zapallo!

Totalmente de acuerdo. Tengamos mucho cuidado con el sentido de carencia con el que concebimos los recursos en la vida. Sobre todo, entendiendo que el espíritu y la energía nos muestran el verdadero camino a la abundancia, desde el desprendimiento, la generosidad y la solidaridad. Durante muchos años, no logré entender ese paradigma. Mi pregunta primaria o más frecuente siempre era: «¿Seré lo suficiente? ¿Tendré lo suficiente?». Si este es el caso en tu mente, te toca hacer un gran trabajo para expandir ese umbral de merecimiento, porque al final del día nadie nos regala los caramelos de la piñata.

Si no, no seremos capaces de entender que merecemos bendiciones infinitas. Por eso nos toca, con nuestra actitud, reclamar ese poder y valor ante el mundo. En las piñatas, nos enseñan a competir con otros por los limitados regalos de su interior, pero en realidad **la verdadera competencia en la vida está en evolucionar interiormente para ganar en sabiduría**. Deberíamos competir con la última versión de quiénes somos, en el progreso de estrenar la próxima versión de quiénes aspiramos a ser. Todo ese proceso, además, debe basarse en la aceptación y el amor, y no en la lucha de competencias, el ego o el miedo. Lamentablemente, estos últimos elementos están demasiado presentes en la piñata del cumpleaños y en la de nuestra vida real.

La amiga Elba Ramírez recoge el tema en un *e-mail* que recibí:

Aunque no recuerdo piñatas en mi niñez, tengo dos sentimientos acerca de las mismas. Ya en la etapa adulta participé en varias, pero hasta cierto punto sentía temor. Una vez con los ojos tapados, me sentía incómoda. En otras oportunidades, vi cuando algunas de las invitadas se lanzaron al piso y, sencillamente, solo me quedé viendo, incapaz de moverme del sitio donde estaba. Me pareció algo falto de buen gusto. Incluso algunas recibieron golpes. No a propósito, pero golpes al fin.

Por otra parte, no me sentía motivada a recoger cosas que consideraba inútiles y realmente eran innecesarias. Sin embargo, me divertía ver la actitud desenfrenada de las personas, cómo se lanzaban sin control por unos cuantos objetos. Yo permanecía alejada, solo viendo y recogiendo algún objeto o dulce que llegara cerca, y luego se los daba a alguno de los niños.

A mis veintiocho años, justo antes de salir de Cuba, contaba con un título universitario en Historia del Arte, un diploma de la Escuela Internacional de Animación Turística de La Habana y un certificado de locutor de radio y televisión de primer nivel. En los últimos años había cosechado gran éxito en la radio y la televisión nacionales. Era, sin dudas, mi primera gran historia de éxito migratorio.

A pesar de estar pluriempleado, con una gran carga de trabajo sobre mis espaldas en radio y televisión y en *shows* de cabarets, la vida se me hacía difícil, económicamente hablando. Todavía me recuerdo, en el año 1996 en La Habana, con mi único par de zapatos negros, en unas condiciones deplorables. Sobrevivían, hay que decirlo, gracias a los remiendos del mejor zapatero del barrio del Vedado. En cada suela tenían un orificio, que eran más bien conductos de ventilación.

Con cada pisada, los huecos me recordaban mi deseo de esforzarme para vivir mejor, sentirme próspero y conocer el mundo. Siempre estaba atento para no meter los pies en los charcos de aguas albañales. Como conté por primera vez en el libro *El poder de escuchar*, los zapatos agujereados me obligaban a mantener la mirada clavada en el piso. Tenía que concentrarme en dónde ponía los pies, porque corría el riesgo de llegar encharcado al trabajo. Esos zapatos fueron testigos de una época de mucha pobreza material y de pocas expectativas sobre mi futuro en este mundo.

Lloré de emoción el día en que pude reemplazarlos. Los nuevos eran muy baratos y de poca calidad, pero ya tenía los pies a salvo. Cuando llegó el momento costó deshacerme de los viejos, me pareció que estaba tirando parte de mi historia. Pero **de la escasez aguda es fácil pasar a la exageración material. Estamos obsesionados con los objetos. La acumulación es casi un fanatismo de nuestro tiempo**. Y, en algunos casos, alcanza la categoría de enfermedad.

Vía *e-mail*, la lectora Ana Virginia me dio su opinión sobre la fiebre por los objetos al romper la piñata, y sobre el modo en que se obtienen:

Por mi cabeza pasaban miles de opiniones sobre este acto, para mí, sin sentido. Primero, si había una mesa con chucherías — disponible durante toda la fiesta —, de donde podía agarrar cuantos dulces quisiera, ¿para qué iba a pasar ese rato incómodo en la piñata? Además de eso, los juguetes que repartían allí no eran la gran cosa, como para tal *show*. Si las piñatas hubiesen traído *barbies*, *brats* y *polly pockets* suficientes para todos, seguro sí hubiese participado con más entusiasmo… Seamos sinceros, ¿quién va a luchar por un soldadito de plástico?

¿Diógenes o Euclión?

La acumulación, qué duda cabe, es un problema de ayer y de hoy. En un mundo con recursos materiales tan limitados, ¿lo seguirá siendo mañana? Hace tiempo me hablaron de una persona, diagnosticada con el polémico síndrome de Diógenes, que algunos médicos relacionan con la acumulación compulsiva de basura, objetos y animales en casa. Se da, fundamentalmente, entre personas mayores de edad. José Ángel López Fernández, del Consejo Oficial de Psicología de España, se pregunta cómo pueden llegar a eso. El experto atribuye el problema a vulnerabilidades de personalidad, o a causas biológico-genéticas, traumas o estrés vitales no superados, la soledad o trastornos mentales y físicos.

«Es como una proyección hacia afuera de cómo se sienten, y, al mismo tiempo, como un intento de atrapar eso que son, para no perderse y para darse valor (en algo que no lo tiene)»,[6] valora López Fernández. Los especialistas, sin embargo, no consiguen ponerse de acuerdo con el nombre del «mal de la acumulación». En la revista *Enfermería Docente*, un grupo de investigadores publicó el artículo «El mal llamado "Síndrome de Diógenes"»,[7] donde se oponen a que se califique de ese modo. ¿Por qué?

Los autores dicen ser conscientes de la dificultad de cambiar una expresión del lenguaje coloquial, pero se niegan a aceptar la denominación de «Diógenes», pues «confunde» la «actitud austera y sobria de la existencia que propugnaba el filósofo» con un comportamiento patológico más parecido al del avaro. En su opinión, debería dársele el nombre de «síndrome de Euclión», el anciano avaro de *Aulularia* (La olla), una comedia de Plauto. La propia revista asegura que Diógenes vio a un niño bebiendo agua con la palma de la mano e inmediatamente botó su única propiedad, el recipiente que utilizaba para hacer lo mismo. Según él, no había ninguna pertenencia humana que fuera imprescindible. «Como se ve, esto ilustra lo opuesto de su filosofía con el síndrome como lo conocemos coloquialmente», concluyen los autores.

Entonces, no convirtamos nuestra vida en un particular «síndrome de Euclión». Tampoco es recomendable desprenderse de las pertenencias básicas, sobre todo las que nos sirven para realizar nuestro trabajo o descansar. Debajo de una piñata, busquemos siempre la moderación, sin afectar la alegría. Apliquemos en todo los factores de corrección. Si nos ha tocado una fruta, cortémosla en varios trozos. Si nos cae un cuaderno, analicemos si a otra persona le apremia más. Quizás, por ser menos fuerte, el más necesitado ni siquiera ha podido entrar al remolino. Y así es la piñata de la vida. Ya que sabemos que lo principal no podemos dejarlo al azar, sino al resultado del esfuerzo y el talento, seamos generosos con los dones que nos lleguen fortuitamente. Las frutas y las libretas se terminan, todo lo material es finito, pero la enseñanza queda. El acto de compartir permanece y genera un flujo de energía positiva.

4. ¿TÍMIDO O EXTROVERTIDO?

A los tímidos y a los indecisos todo les resulta imposible, porque así se lo parece.

WALTER SCOTT

«El niño viene reseteado, el niño viene en cero. La madre le dice: "Métete en la fila, haz la línea para golpear a la piñata". Él no quiere golpear a la Sirenita, es su ídolo. "Ahí no, ponte adelante". El niño viene reseteado: "Es que ellos llegaron primero". "A mí qué me importa. Te metes adelante porque si no te voy a j... cuando llegue a la casa"...».

El texto anterior procede del ya citado monólogo de Emilio Lovera sobre las piñatas. El humorista venezolano lo recrea con gran maestría y sentido del humor: «Ahí empieza a transformarse el cerebro infantil. Se pone adelante y empieza a darle a lo que no le quiere dar. Y después de él, toda la fila [...]. Y él la ve destruirse poco a poco [...]. Está entonces la madre del niño que llora, que le da una patada al niño gordo y le quita lo que tiene y se lo da a los otros, y lo reparte entre los demás. Se va segmentando la riqueza, pero para ese lado [...]. Nosotros crecimos con eso, esa mentalidad se queda. Eso no lo entienden nuestros padres hasta que un humorista se lo explica...».

¿Entramos en el ojo del huracán? Esa es la cuestión de la piñata. En Santiago de Cuba había una tienda de productos para cumpleaños. Se llamaba La Piñata y estaba localizada en la principal calle comercial de la ciudad. Por supuesto, su gran atractivo eran las piñatas con formas de casas, castillos, barcos, automóviles y otras muy curiosas. Pasar por allí siempre me recordaba la cuestión del tumulto, la desesperación, esa especie de guerra total por agarrar algo debajo. Sencillamente, no podía evitarlo. Yo estaba entre los niños tímidos, los que preferíamos mantenernos al margen para evitar la violencia. ¿Hacía lo correcto? Veamos.

Para la psicóloga Elena Mató, «una persona tímida suele sentir inseguridad, impotencia o vergüenza en las situaciones sociales novedosas, en el momento de realizar alguna acción ante otros». Esta situación conduce al nerviosismo, al «miedo a no estar a la altura de las circunstancias, a resultar incompetente [...], rechazado, criticado o descalificado por los demás».[8]

José Luis Catalán, también psicólogo, considera que la timidez es «una forma atenuada de fobia social». Se manifiesta, en su opinión, porque los seres humanos desconocemos si seremos valiosos o apreciables ante los demás. «La persona tímida es cautelosa: no se arriesga a equivocarse, a ser rechazada o a resultar inadecuada, y como no practica, no avanza».[9] De acuerdo con su criterio, estas personas esperan despertar un día y solucionar «por arte de gracia» sus problemas de timidez.

Sin embargo, Mató admite que la timidez no supone necesariamente un problema, pues depende de varios factores, como el grado de «interferencia en la dinámica diaria» y el modo en que la persona resuelve cada situación. Es evidente que, si nuestra timidez es muy acusada, nos vamos a perder una parte importante de la vida en sociedad, lo que se verá reflejado luego en las relaciones interpersonales y laborales.

Distintos tipos de timidez

La mía, desde luego, era parcial, en tanto me permitía moverme en ámbitos medianamente seguros, entre ellos, la escuela. Hace algunos años, me lo recordó mi maestra y mentora Nilda G. Alemán, en una carta que publiqué en mi ópera prima literaria, *El poder de escuchar*. Nilda decía que se encontró conmigo al inicio del curso escolar, cuando ella seleccionaba a los niños que integrarían el Círculo de Interés de Radio, una especie de grupo vocacional infantil. Aunque a los ocho años de edad me recuerdo como un niño tímido, ella vio en mí a un chico «delgadito, inquieto, con una sonrisa de oreja a oreja y muy atento a todo».

«Cuando te pregunté, dijiste que querías ser locutor y yo "te eché el ojo", porque a primera impresión me resultaste distinto [...]. Siempre mostraste una inclinación especial por la locución y animación, y yo me pregunté algunas veces si aquella voz tierna y menuda podría llegar a convertirse en una voz enérgica, para que lo fueras de veras. Superaste con creces aquella expectativa...», me explicaba en la carta.

Releer las ideas de Nilda me permite distinguir entre distintos tipos de timidez. Yo no sería capaz de lanzarme debajo de la piñata a luchar por el posible premio, pero en aquella ocasión le dije claramente que deseaba ser locutor. Y todo sucedió frente a una persona a la que veía por primera vez. Me costó dar el salto, levantar la mano y ofrecerme para las pruebas de lectura, pero, al final, una fuerza mayor hizo que rompiera la barrera. Y aquí estoy.

Al respecto, coincido con la psicóloga Elena Mató, de Advance Medical.[10] Para superar la timidez, ella recomienda atreverse a iniciar conversaciones, presentarse ante los demás, preguntar, elogiar e invitar, sin dejar de ser uno mismo, «haciendo y diciendo aquello que encaja con el propio estilo y atreviéndose a mostrarse ante los demás tal y como uno es». Mientras, José Luis Catalán plantea que autodescubrirnos «tiene algo de lanzarse al abismo de lo desconocido y explorar lo que resulta de ello, y esta es la forma mejor de superar la timidez».[11]

La lectora Lidia Abanto me contó su historia inicial de timidez, y luego de éxito, frente a las piñatas:

Yo era una niña un poco temerosa para lanzarme al piso y recoger los juguetes y sorpresas que caían de la piñata, como lo hacían los demás. Como yo era muy delgada, bajita y frágil, pensaba que, si me lanzaba al piso con los chicos, ellos me aplastarían. Por mi mente pasaban muchas ideas. Pensaba que saldría rasguñada y, si ensuciaba mi vestido, mi madre se molestaría. Por tanto, esperaba a que todos se levantaran del piso para poder recoger las sobras. Eran muy pocas cosas las que podía obtener, porque ya otros niños habían tomado lo mejor de la piñata.

Al ver mis manos vacías, un sentimiento de tristeza y frustración invadía mi ser. Con el paso del tiempo, fui perdiendo un poco el miedo. Lo primero que hice fue observar con detenimiento a dónde caerían más juguetes y dulces. Recuerdo la primera vez que me tiré al piso con los demás niños. Estaba decidida a llevarme algo muy bueno, aun cuando sabía que podía salir lastimada.

Puse en marcha mi estrategia. Me lancé al lado lateral y tomé muchas sorpresas. Tantas que tuve para regalar a los que no lograron recoger nada. Una emoción grande invadió mi ser, la felicidad llenó mi espíritu. Aquel día, a mis doce años, sentí que había logrado vencer mi miedo al lanzarme y disfrutar de la emoción de ensuciar mi vestido y recoger mi gran tesoro. Creo que fue el primero de los retos personales que logré alcanzar. Entonces me sentí orgullosa de mí misma, fuerte y liberada.

También Kattia García, de Costa Rica:

Mi mamá nunca me permitió participar cuando iban a reventar la piñata en una fiesta. Ella quería protegerme de un mal golpe que pudiera lastimarme, de un niño que me hubiera quitado los confites; pero esa precaución también me privó del gusto de pelear por un premio. Siempre veía a los niños peleándose por un confite o por el palo para reventarla, y deseaba hacer lo mismo. Pero, como se dice por ahí, no hay mal que por bien no venga.

También esa experiencia ha hecho que en muchas oportunidades me haya arriesgado, aunque sepa que me puedo llevar un golpe.

Posiblemente todos seamos tímidos en unas cuestiones, y en otras, no tanto. No siento ningún pesar por haber evitado la lucha de la piñata, pues luego la vida me ha demostrado que podemos librar otras batallas más productivas. Si bien los más extrovertidos pueden obtener el premio por vías menos intelectuales en una fiesta, **la piñata de la vida nos enseña que hay oportunidades para todos, siempre desde el esfuerzo, el talento y la generosidad.**

No todo es genética

Investigaciones realizadas en la Universidad Vita-Salute San Raffaele, de Milán, revelaron hace unos años la existencia del «gen de la timidez». Citado por el diario italiano *La Repubblica*,[12] el estudio asegura que los niños que lo tienen son más introvertidos y reaccionan de forma distinta al enfrentarse a manifestaciones de hostilidad. Añade que alrededor del diez por ciento de la población de niños y adolescentes parece ser más inhibida y tímida que la media. «Esta inhibición social es por una parte genética, y por la otra se ve influenciada por las experiencias individuales».

Originalmente publicada por la revista *Archives of General Psychiatry*, la investigación asegura que, mientras que la mayoría de los niños resuelve el problema durante el crecimiento, sin tener que recurrir al apoyo clínico, otros permanecen socialmente inhibidos y corren mayor riesgo de trastornos de ansiedad en la adultez. Estos niños, los tímidos, «interpretan con mayor dificultad las expresiones de ira u hostilidad de sus compañeros, y esto puede representar un obstáculo para lograr una vida social equilibrada».

Pero ya sabemos que no todo es genética. Los genes no lo son todo. «Somos el 50% genes y el 50% ambiente», dice la científica Margarita Salas al diario *El Norte de Castilla*;[13] mientras que Sonja Lyubormirsky recoge en su libro *The How of Happiness* que la herencia genética determina en un cincuenta por ciento el grado de felicidad de una persona. Para la profesora de Psicología de la Universidad de California, la propensión a la felicidad es genética, pero las circunstancias personales aportan el diez por ciento, y los comportamientos y pensamientos internos, el cuarenta restante.

El doctor Carlos Romá-Mateo considera que la historia del «determinismo genético» es bastante conocida, y se resume en un debate sobre el papel que ejercen los genes y el ambiente en la modulación de nuestra forma de ser y de desarrollarnos. «Se podría encontrar desde un reparto de responsabilidades del 50% hasta determinismos absolutos, que obviamente no reflejan en nada la realidad».[14] Según el especialista, la ciencia muestra explicaciones más cercanas a los tonos de gris que a blancos o negros absolutos.

Por eso, actualmente se habla de la llamada epigenética, un sector de la biología que busca explicaciones sobre «por qué los organismos vivos expresan unos genes y silencian otros [...] y la susceptibilidad de desarrollar determinadas enfermedades». En la revista *Eidon*,[15] el académico Luis Franco dice acerca de esta disciplina que, en el futuro, podría aportar más luz sobre las influencias del medio ambiente en la salud humana.

Romá-Mateo afirma que la epigenética nos ayuda a entender, desde la complejidad del tema, lo que sucede dentro de nuestras células, pero también la «sobrecogedora capacidad de respuesta, la versatilidad de los sistemas biológicos».[16] Lo importante es poner nuestro foco en el cincuenta por ciento que nos toca, la parte del proceso que podemos controlar o gestionar. Por ello es relevante lo que ponemos en nuestra mente, eso que llaman la psicología positiva.

Nuestra parte

Este es un debate fundamental si queremos entender el mensaje de la piñata y las actitudes infantiles, pero también nuestros pasos en la adultez. Hoy los psicólogos y los neurocientíficos también estudian la importancia del cultivo del espíritu para un comportamiento positivo, la creación de habilidades positivas que puedan revertir (o compensar) herencias genéticas.

Por ejemplo, creo que mi cerebro no está libre de vestigios de esquizofrenia, y ello genera en mí muchas preocupaciones. Aún sufro de ataques de pánico y ansiedad, en ocasiones de gran estrés, que logro controlar con ejercicios de meditación; tuve alucinaciones y pesadillas en la adolescencia, además de un tratamiento psiquiátrico durante doce meses, a los quince años. A mi cerebro, eso sí, lo he entrenado para que busque no la opción automática que viene en él, que es la peor, sino para pensar en positivo. Lo he entrenado para autocuestionarme y autoafirmarme: «Sí, esto puede salir muy bien, va a salir bien. Lo puedes hacer».

En todos estos años he buscado contrarrestar los problemas de origen, para reforzar mi otro cincuenta por ciento con el cultivo y fomento de la espiritualidad y la fe. Siempre digo: «Esto no lo estoy haciendo solo. Sé que hay una fuerza superior que me dio esta situación para que yo vaya más allá, para que la use en positivo». Si solo me hubiera concentrado en mi genética, yo terminaría, realmente, en graves situaciones, como otros familiares cercanos. A algunos de ellos no les gusta que hable del tema, pero es la cruda realidad. Simplemente la comparto para explicar a los demás que solo cambiaremos las cosas si tomamos el control, buscamos herramientas para cultivar el espíritu y entrenamos los patrones de pensamiento, como dice John C. Maxwell.

Tres claves para convertir obstáculos en oportunidades

Ha sido una gran experiencia compartir con uno de mis grandes mentores, el mayor experto mundial en liderazgo, John C. Maxwell. Agradezco infinitamente haber podido llevar al mundo hispano el programa *11 secretos para transformar tus patrones de pensamiento*, sobre cómo convertir los obstáculos en oportunidades. Entre esas ideas destacan tres, que se acercan al tema de este apartado.

En primer lugar, el pensamiento realista. ¿Qué hace por nosotros? En el curso afirmamos que, cuando comenzamos a ser realistas, movemos nuestras expectativas más cerca de la realidad. Eso no significa que el pensamiento realista hará que desaparezca la decepción, pero sí que se encoja. La historia se visualiza claramente ante una piñata. Partimos de que la frustración es el resultado de expectativas no realistas. Dentro de una caja envuelta en celofán, anticipamos opciones que deseamos. Y si esas opciones no se alinean con nuestras expectativas, las tomamos como decepción.

Maxwell nos recuerda que la primera responsabilidad de un líder es definir la realidad, porque la visión sin realidad crea inseguridad emocional; es decir, sucede un «latigazo». Nunca debemos compartir una visión que sabemos no podrá hacerse realidad, pues perderemos la credibilidad como líderes y nuestros equipos tendrán que ir al quiropráctico para ajustarse.

En el curso con el maestro del liderazgo, también analizamos el pensamiento estratégico, que es reflexionar por anticipado y analizar «lo principal». El estratégico combina la perspectiva del pensamiento global, las cuestiones prácticas del realista y la recompensa del pensamiento con enfoque: «¿Cuál es el contexto? ¿Qué es realista? El pensamiento estratégico, en realidad, es la recompensa por concentrar nuestro pensamiento en una sola cosa. Únicamente se trata de pensar intencionalmente. El pensamiento estratégico nos reta a pensar por anticipado, pero muchas veces no pensamos hasta que la actividad nos presiona. Entonces, tenemos que dedicar ese tiempo de cualquier forma, pero no rinde lo mismo que si lo hubiéramos hecho antes».

Toda producción es una proyección

En Colombia, una psicóloga infantil me aseguró que muchos traumas infantiles son consecuencia de la sobreprotección de los padres. «¡A los niños se les protege, no se les sobreprotege!», afirma. Acto seguido, me narró una experiencia profesional:

Recibí en mi consulta a un niño de siete años, temeroso e indeciso. Acostumbraba a sentarse en los rincones a llorar. Se reunía poco con los amiguitos y veía mucha televisión, lo cual le provocaba una sensación de soledad profunda, agravada por ser hijo único.

—¿Por qué no compartes más con tus compañeros de colegio, primos o vecinos? —le pregunté.

Me respondió que temía caerse, hacerse daño y hasta perderse. Enseguida me convencí de que era víctima de una sobreprotección extrema por parte de sus padres, pero lo del llanto me seguía preocupando.

—¿Por qué lloras si no te has caído ni te has hecho daño ni mucho menos estás perdido?

—Porque mis padres no dejan que yo haga muchas cosas que quiero hacer.

Parecía un trabalenguas infantil, pero su mensaje era muy claro.

—Dime una cosa… ¿qué no te dejen hacer tus padres? —preguntó. Movía sus deditos de manera nerviosa y bajaba la mirada.

—No me dejan participar en ninguna piñata.

—¿Por qué?

—Porque dicen que me golpearán, que en las piñatas hay niños abusadores, que me puedo atragantar con un caramelo.

Entonces decidí hablar con los padres. En el tema específico de las piñatas, la madre me relató que, cuando era niña, en medio del pugilato, le partieron el labio. Su trauma se lo trasladó al hijo. Les dije a ambos que valorasen cuánto pierde su hijo por ese temor de ella. En una piñata, los niños deberían poder divertirse, compartir, tratar de tomar la iniciativa y sentirse estimulados, siempre con un orden. Decidí remitir a ambos padres a un psicólogo de adultos.

Ayudar a nuestros hijos a gestionar sus expectativas

La piñata es un escenario de anticipación de actitudes que luego reproducimos en la vida diaria adulta. Por eso consideré oportuno preguntar a la doctora Nancy Álvarez sobre cómo educar a nuestros hijos para que aprendan a gestionar sus expectativas. La psicóloga dominicana, siempre tan diligente y acertada, respondió: «Básicamente, hay que darles seguridad, que es lo primero que un ser humano necesita: seguridad emocional. Si no tienes seguridad en ti mismo, no vas a lograr nada. Eso va a influir en la autoestima y en la relación con los demás. Las personas con autoestima baja, que no fueron amadas o aceptadas incondicionalmente por sus padres, siempre piensan que nadie más los va a amar. Eso nos marca. No pelean por lo que quieren. No son persistentes».

De acuerdo con la doctora Álvarez, tal situación convierte a las personas en envidiosas, agresivas y muy tímidas. «No se atreven a pedir lo que quieren, porque no creen que lo merezcan, ni mucho menos creen que lo van a poder lograr. Por eso, lo más importante es que el niño se sienta amado», reitera.

«¿Y cómo enfrentamos el problema de la piñata?», le preguntamos, en relación con los padres que ayudan a sus hijos a conseguir premios. «Acuérdate de que toda producción es una proyección. La mente proyecta lo que somos. Esa es una realidad, como que estamos aquí sentados. Un niño tímido o sobreprotegido se va a sentir con miedo. Por eso, la sobreprotección se considera un grave defecto y una agresión al niño. Una madre que sobreprotege a su hijo, en el fondo, le está agrediendo, porque ese niño nunca va a tener las herramientas para triunfar en la vida. Va a tener mucho miedo, tiene que ver con la seguridad de la vida».

La amiga Rosa Elena, de Ecuador, me escribió para contarme su perspectiva sobre la timidez y las piñatas:

Fui una nena tímida y sobreprotegida por mi madre, que me amaba mucho y esa era su forma de demostrarlo. Cuando iba a una fiesta infantil, bailaba, conversaba, reía poco… Y a la hora de romper la piñata, mi madre me apartaba porque no quería que nadie me lastimara. Así que yo veía todo de lejos, y siempre cogía pocos caramelos. Eso me ponía triste.

Crecí siendo tímida, pero cuando fui a la universidad, mi madre ya había fallecido y me quedé sola. Creo que la piñata es como ese mundo al que me lancé sola, siempre con principios que me enseñaron, pero al enfrentarlo tuve sorpresas buenas y malas. Cuando tuve mis hijos, dejé que ellos tomaran la libertad de experimentar, defenderse y disfrutar de todas las cosas que comprende tomar nuestras decisiones solos.

María del Rosario Jaime me dijo en otra carta:

Unos llenan la piñata de lo más barato. O, dependiendo de la ocasión, lo que pueda ser divertido. Otros van con vendas a darle palos, mientras los demás lo aúpan con voces y gritos. Si siente que la piñata está cerca, se anima a darle más duro; otros esperan ansiosos desde el lugar más adecuado. Con una bolsa en la mano, las madres están cerca de los hijos más pequeños para meterse a recoger lo que puedan, o incluso quitarles a los otros niños si se presenta la oportunidad. Al final, lloran los que no agarraron y muestran triunfales su ganancia los que agarraron, mas no importa si con maña o no. Una metáfora de lo que ocurre en la vida.

La doctora Álvarez insiste en dejar que los niños sean independientes, que luchen por lo que quieren. «Empujarlos y ayudarlos, pero sin sobreprotegerlos.

Algunas madres no son sobreprotectoras, pero entonces son agresivas. Le dicen al niño: "Vete, no te dejes engañar, empuja" ... Eso tampoco es bueno, porque el niño después no aprende».

La conversación deriva hacia quienes acaparan, los que abren la camisa para agarrar la mayor cantidad de cosas que caen de la piñata: «El que se queda con todos los dulces es una persona egoísta, egocéntrica, que cree que se lo merece todo. Esa persona no tiene capacidad para trabajar en equipo. Y, por tanto, va a tener problemas con su pareja, con su trabajo y con sus amigos, porque hay que aprender a compartir. Si usted no sabe dar y recibir, tiene un problema para triunfar, para ser feliz y estar contento consigo mismo. Todos esos niños están diciendo lo que les pasa en casa, y lo que les pasa por dentro es lo que les pasa en casa».

Al respecto, Daylin me narra en un *e-mail*:

La emoción de las fiestas siempre es la piñata. Tengo una hija pequeña y me he visto obligada a meterme a ayudarla a recoger dulces, pero luego le enseñé cómo hacerlo y ahora la dejo sola. Me di cuenta de que ella pide apoyo, pero debe aprender a hacerlo sola, porque en la vida llega un momento en que tenemos que desenvolvernos sin la ayuda de otros y tomar la mayor cantidad de lo que queremos.

Las piñatas son competencia porque cada uno se concentra en recoger más, sin ayudar al que tiene al lado. Uno observa a niños cuando cae la piñata, y hasta pasan por encima del otro. Mi hija acostumbra a llevar una carterita y allí va echando. Otros se meten sin nada y, si agarran, no encuentran dónde echar lo recolectado, y otro termina quitándoselo. Otros comparten con quienes no agarraron. Esto lo hacen los de buen corazón. Otros dan los dulces que no les gustan. Yo enseñé a mi hija a cargar un bolsito, para que nadie le quite lo suyo, y a compartir con aquel que no agarra.

5. Expectativas e intención

*Se juzga grandioso a todo lo
desconocido.*

Atribuido a Tácito

El filósofo hindú Jiddu Krishnamurti se preguntaba: «¿Existe en cada uno de nosotros un apremio interior para encontrar lo desconocido?». Y planteaba la siguiente situación para ilustrar sus ideas sobre el tema: «He conocido muchas cosas; no me han dado felicidad, ni satisfacción, ni alegría. Por eso quiero ahora otra cosa que me dé mayor alegría, mayor felicidad, mayor esperanza, mayor vitalidad, lo que sea. ¿Y puede lo conocido, que es mi mente –porque mi mente es lo conocido, el resultado de lo conocido, el resultado del pasado–, puede esa mente buscar lo desconocido? Si yo no conozco la realidad, lo desconocido, ¿cómo puedo buscarlo? Debe, por cierto, venir a mí; yo no puedo ir en pos de lo desconocido. Si voy en su búsqueda, voy en pos de algo que es lo conocido, una proyección de mí mismo».

Para Krishnamurti, nuestro problema no es saber qué nos impulsa a hallar lo desconocido, sino «nuestro propio deseo de estar más seguros, de ser más permanentes, más estables, más felices, de escapar al tumulto, al dolor, a la confusión». Pero, en su opinión, eso no es lo desconocido. «Por lo tanto –dice–, el apremio por lo desconocido ha de terminar, la búsqueda de lo desconocido ha de cesar; lo cual significa que tiene que haber comprensión de lo conocido cumulativo, que es la mente. La mente debe comprenderse a sí misma como lo conocido, porque eso es todo lo que conoce. No podéis pensar en alguna cosa que no conozcáis. Solamente podéis pensar en algo que conocéis».

En su libro *El conocimiento de uno mismo*, el sabio explica sus tesis a través de un ejemplo: «Nosotros no tenemos que buscar la luz. Habrá luz cuando no haya oscuridad; y a través de la oscuridad no podemos encontrar la luz. Todo lo que podemos hacer es remover esas barreras que crean oscuridad; y el removerlas depende de la intención».

Recuerdo la expectación que generaba entre nosotros el contenido de la piñata. Si el cumpleaños era de personas de pocos recursos (como los nuestros), dábamos casi por seguro que no habría grandes sorpresas: algunas chucherías, muchas serpentinas y pocos regalos. En cambio, si nos invitaban padres con mayor nivel adquisitivo, se esperaban siempre obsequios más caros. Escenas similares se repiten en todos los países y en cualquier época. Imaginar el contenido de la piñata y soñar con ver caer el juguete favorito es una especie de *liturgia* en cada fiesta de cumpleaños. **Suspiramos por lo desconocido, aunque de antemano poseamos indicios que podrían aumentar la certeza.**

Entonces, en la piñata de la vida, la expectación por lo desconocido, por el origen y carácter de las cuestiones puramente materiales, debería sustituirse quizás por el afán de conocimiento. Como sugiere Krishnamurti, lo principal es eliminar las barreras que nos impiden conocer otros mundos, pero sin embarcarnos en la idealización de lo desconocido.

La modulación de las expectativas se produce a través de elementos ya conocidos, de datos, indicios, ideas o experiencias previas. Colocar todas las fuerzas en lo desconocido, como supuesta panacea de nuestros problemas, es tan idealista como apostarlo todo a eso que llaman el destino.

Ana Vico, psicóloga y *coach* experta en emociones, se refiere al enfrentamiento entre expectativas y realidad, al que denomina «la eterna batalla»: «Si quieres algo, pídelo. Si esperas algo, hazlo, y si no depende de ti, pídelo a quien corresponda».[17] La especialista considera que no tenemos por qué cumplir las expectativas de otros.

Por su parte, el psicólogo José Manuel Garrido considera que el estrés generalmente se vincula con situaciones como la «anticipación pesimista», la «interpretación distorsionada de la realidad» o la «falta de estrategias asertivas de comunicación»;[18] pero muy a menudo se olvida un aspecto tan relevante como las expectativas relacionadas con el comportamiento:

- *¿Qué esperan los demás de nosotros?*
- *¿Qué esperamos de los demás?*

Garrido afirma que dirigir el comportamiento en función de las expectativas que los demás tienen de nosotros es una vía directa hacia el estrés y los cuadros de ansiedad.

Volvamos a la piñata para visualizarlo. No solo estamos ante la competencia por el premio, fundamentalmente por el mejor premio, sino que los resultados de la batalla también dejan estigmas dolorosos. Aquellos que no suelen entrar al ruedo, o los que salen mal parados en el intento, reciben la desaprobación de la masa. Son «los débiles, los incapaces, los miedosos...». Hay actitudes (de parte de niños y adultos) que terminan marcando la vida de los demás, porque les hacen sentir que son igual a nada, por el hecho de no alcanzar resultados en la lotería sísmica de la piñata. He ahí el valor de gestionar adecuadamente las expectativas.

De acuerdo con Garrido, la consecuencia casi ineludible de una expectativa no satisfecha es «la frustración, la queja, el resentimiento e incluso la ira». Dichas emociones —agrega— están muy relacionadas con los cuadros clínicos de ansiedad. Para evitar el estrés y la ansiedad, el experto recomienda utilizar estrategias intermedias y más realistas, entre ellas «el derecho que me asiste a no hacer lo que los demás esperan de mí». Afirma que, una vez asumido e interiorizado tal derecho, habremos apartado de nosotros una gran fuente de estrés.

Además, plantea la comunicación asertiva como principal estrategia y propone hacer visibles nuestros deseos, necesidades y sentimientos, para «encontrar puntos de encuentro que conviertan las expectativas [...] en asumibles».

La lectora Daylin opina sobre el tema a través de una carta:

Las piñatas son como la vida misma. Tienen algo dentro que queremos descubrir, como degustar un dulce. O quizás no nos agrada mucho cuando descubrimos lo que hay dentro, pero es nuestra decisión comerlo o no. Las piñatas son una sorpresa, como la vida, que muchas veces la llevamos con ansiedad y damos tumbos fuertes, como cuando se tumba a palos. O suaves, como cuando se tira de la cuerda. Pero algo hay dentro. De eso sí estamos completamente seguros.

Se puede decir que la vida es una piñata porque está llena de dulces, por un lado. Y por otro, para poder disfrutarlos, hay que romperla. Allí está el trabajo. De alguna manera aprendemos a los golpes, o a los tirones, pero degustamos las dulzuras que la vida trae. Está en uno si lo prueba o no.

El sendero hacia la maestría

La gestión de expectativas y el poder de la intención son conceptos muy interrelacionados. Según el maestro Wayne Dyer, en su libro *El poder de la intención*, «la intención es un campo de energía que fluye de una forma invisible, fuera del alcance de nuestros hábitos normales y cotidianos».

«Está ahí aun antes de que seamos concebidos. Tenemos los medios de atraer esa energía y experimentar la vida de una forma fascinante, nueva», explica. Al indagar sobre dónde se encuentra ese campo llamado «intención», Dyer dice que destacados investigadores creen que nuestra inteligencia, creatividad e imaginación interactúan con el campo de energía de la intención, pero no se trata de pensamientos o elementos de nuestro cerebro.

Wayne Dyer se refiere al poder de la intención como el «sendero hacia la maestría», con cuatro pasos para activarla y conectar con el ser natural y deshacernos de la identificación del ego:

a) **Disciplina:** Hay que entrenar el cuerpo para prender una nueva tarea. Es necesario practicar, hacer ejercicio, tener hábitos saludables, comer sano...

b) **Sabiduría:** Si se combina con la disciplina, fomenta la capacidad para centrarnos y ser pacientes, a medida que armonizamos los pensamientos, el intelecto y los sentimientos con el trabajo del cuerpo.

c) **Amor:** Este proceso de maestría supone amar lo que hacemos y hacer lo que amamos.

d) **Entrega:** Es el lugar de la intención. El cuerpo y la mente no llevan la batuta y nos aproximamos a la intención.

Todos podemos buscar las herramientas para vivir mejor. Estúdiate, mira qué recuerdos te trae la piñata y cómo vives tu vida hoy. ¿Eres una piñata? ¿Te sientes una piñata? ¿Golpeas a la piñata? ¿Estás jalado por las circunstancias de la vida? ¿Jalado por lo que los demás piensan de ti? ¿O estás en control de la piñata de tu vida hasta donde te corresponde? Eso sí, debes saber que el control no es sobre todos los eventos, sino en la actitud que eliges y en las herramientas, para lidiar con los eventos que la piñata te lanza.

Ningún problema o limitación es en realidad lo suficientemente fuerte como para ser permanente en nuestra vida. Mi mejor experiencia como entrevistador ha sido con personas cuyas historias de vida son verdaderamente ejemplares. Todos son prototipos evidentes del poder que ejerce la intención.

El admirable Toñejo

Por ejemplo, el español Antonio Rodríguez, conocido por Toñejo, un campeón de la velocidad y de la vida, me demostró que el poder de la mente es ilimitado, y que no hay nada que no podamos soñar o hacer realidad. Un día almorzamos y conversamos más de dos horas. Después visitó el *show* de televisión. Cada historia que salía de su boca fue una lección de fortaleza y sabiduría. Actualmente vive en una silla de ruedas, pero ni su cuerpo ni sus sueños están inmóviles.

Su entrevista sirvió de inspiración a millones de telespectadores. Toñejo empezó a competir con quince años en los torneos de motociclismo de su país. En 1989, después de ser campeón de España de *quad-cross*, un accidente lo dejó parapléjico. Estaba a solo tres kilómetros de la meta, iba en primer lugar cuando salió disparado del *quad*, chocó contra una pared y se rompió la espalda por tres sitios. Después del accidente, los médicos le dijeron que no volvería a levantarse de la cama. Toñejo lloró al escuchar el dictamen, pero su pasión por la velocidad pudo más que la depresión. En cuanto se sintió en condiciones, empezó a buscar patrocinadores para competir en una moto de agua. Tenía veintiséis años.

Para Toñejo, lo fundamental es mantener la ilusión. Cada día entrena y practica la natación, pero no pide ayuda a nadie para entrar o salir de la piscina y volver a su silla. En su primera competencia en moto acuática, quedó en segunda posición. En 1993 ganó el campeonato absoluto de España, donde no competía ningún otro discapacitado. El gran Toñejo cree firmemente que la pasión puede vencer cualquier obstáculo. Los médicos, sin embargo, llegaron a pensar que estaba loco. Él vive convencido de que su discapacidad no es en absoluto una incapacidad, y tiene toda la razón. La historia de Toñejo se sigue escribiendo. Es un ejemplo de cómo una pasión vital por el deporte, por la velocidad, puede darle sentido a la vida misma.

Ejemplo de un luchador

También el venezolano Maickel Melamed es un ejemplo de virtuosismo emocional. Nacido en 1975, e inmediatamente sentenciado a morir por distrofia muscular, es el vivo ejemplo de la felicidad construida peldaño a peldaño, sobre una base física con limitaciones de origen. El parto de su madre fue muy complicado, porque su cuello estaba aprisionado por el cordón umbilical. Los médicos lo habían condenado, primero a la muerte casi inmediata y luego a vivir atado a una silla.

Pese a sus dificultades motoras, ya ha corrido cinco maratones. Lógicamente, él se toma gran cantidad de horas debido a su condición física. Su última hazaña conocida sucedió en el Maratón de Boston, cuando arribó a la meta tras veinte horas de camino. Recuerdo que lo entrevisté un par de veces en mi programa de CNN en Español y no pude aguantar las lágrimas de emoción. Maickel Melamed es una mente brillante y un gran paradigma del poder de la intención.

La inspiradora Yeyita

En el *show* también entrevisté a la abogada, conferencista y empresaria venezolana Delia Margarita Rivas Castillo (Yeyita). Ella tiene una historia extraordinaria de vida, pues vive con la enfermedad de la osteogénesis imperfecta, más conocida como «huesos de cristal». A pesar de haber sufrido numerosos momentos difíciles, Yeyita no ha desistido en sus grandes sueños. Ha sido capaz de brindar apoyo directo a mujeres que sufren la violencia doméstica en Isla Margarita, además de empoderar a muchas otras a través de la creación de puestos de trabajo en su empresa de orfebrería.

A los tres meses de nacida, Yeyita empezó a fracturarse los huesos. En México le diagnosticaron la osteogénesis imperfecta, que es una «aberración cromosómica», según me contó. Es decir, un accidente del ADN al momento de la fecundación, que trae como consecuencia la no absorción del calcio de manera perfecta. Cuando leo su hoja de vida, y todo lo que ha logrado tras más de veinticinco operaciones, entiendo mejor los resultados del poder de la intención.

«Ha sido muy difícil salir adelante, pero es como un reto, y el miedo se ha vuelto una compañía que he tenido que aprender a manejar y a canalizar. A lo largo del tiempo, eso me ha dado pie a tener grandes éxitos a nivel profesional y de vida. Siento que mi enfermedad se llama imperfecta, pero a mí me ha hecho la vida perfecta», me explicó.

Debido a tantas fracturas, Yeyita no pudo crecer todo lo que debía. En París, un médico le dijo a su mamá: «No la limites, deja que haga todo lo que quiera, porque los límites están en la cabeza». Y así ha venido siendo. Delia trabaja para la Fundación Nueva Mujer Margarita. En 2016, participó en un programa de mujeres líderes y agentes de cambio de la región, y viajó al Departamento de Estado de EEUU para hablar sobre violencia de género e inclusión. ¿Qué habría pasado si Yeyita se hubiera comportado como una piñata, inactiva, esperando a ver dónde la vida la llevaba?

Adriana, motivando desde la dificultad

En México entrevisté a Adriana Macías, otro ejemplo de mujer crecida ante las dificultades. Ella no tiene brazos, pero con sus piernas es capaz de pintar y maquillarse. Es conferencista, y acaba de tener un hijo; una mujer verdaderamente impresionante. La tenacidad ha sido la clave de su vida. Según me dijo, está convencida de que la claridad de las ideas, la actitud, el ímpetu y la inteligencia son la fórmula del éxito. Adriana se licenció y estudia una maestría en Ecología Emocional. Desde hace varios años trabaja en la motivación de niños, jóvenes y adultos, «para que cada quien redescubra todas sus capacidades y así hacerles frente a las distintas adversidades».

«Nací sin brazos por azares del destino. A la naturaleza a veces le falta poner ahí esa parte, se le acaba la materia prima. Entonces, cuando empiezo a entender que soy una mujer sin brazos y que no me iban a crecer, para mí fue muy difícil. Me dio mucho miedo. No el hecho de no tener brazos, sino no poder realizar todos los sueños que tenía. Temí que un día llegara Dios, imagínate, y yo dijera: "Con este reto que me diste, lo único que hice fue quejarme, amargarme y amargarle la vida a los demás". ¡Qué terrible! Me cayó una gran responsabilidad encima», explicó Adriana en mi programa de CNN en Español.

Ella recuerda que, al entrar al escenario, en sus conferencias, la gente dice: «¡Qué difícil! ¡Yo no podría! ¡No!». «Es que, sin brazos, ¿qué hacemos? ¡Imagínate despertar sin brazos! Y cuando empiezo a platicar mi historia, empiezan a decir: "Oye, fíjate, sí". Y se empiezan a ver reflejados en esta conferencia. Al final, no importa que no tengas brazos, no importa que no tengas pies. Absolutamente todo se define en la actitud, en el amor, en la fe y en el compromiso que hay en la vida».

Sobran ejemplos de personas que decidieron dejar de ser una piñata que cuelga, a la espera de que alguien los golpeara o zarandeara para obtener algo más. Muchos creen que su vida depende únicamente del conocimiento o del coeficiente intelectual, pero en realidad no es así. Y en eso influye el poder de la intención, un procedimiento del que también se ha ocupado la ciencia.

La carta de Aurelis

Entre esos casos, recibí una carta de Aurelis. Ella se preguntaba: «¿En qué se parece la piñata a mí?». Inmediatamente respondía que una «familia disfuncional» es como una piñata. A los meses de nacer, su madre la dejó en manos del padre, «porque ella no quería esclavitud con hijos». Su papá, a quien le faltaba un brazo, tenía pocas oportunidades de trabajo, con lo cual se le hacía difícil sacar a las niñas adelante. Entonces la abuela, la siempre generosa columna familiar, empezó a ayudar en su crianza:

Los palazos que le dieron a la piñata venían de muchos lados, pero los más fuertes eran los de mi familia por parte de madre. Decían: «Esa está sola. Como no tiene madre, no se va a graduar. Como no tiene madre, saldrá en estado rápido».

En fin, desde pequeña, las personas que debían ayudarme me daban palos. Pero desde niña tenía un ángel a mi lado que nunca me faltó: ¡Dios! Día a día, decía: «¡Tú sabes por qué pasa todo! Y yo llegaré lejos. Y voy a trabajar en ello». Mi abuela paterna fue de las cosas lindas que encontré en esa piñata. Esa viejita desde niña me motivaba: «Aure, tú eres inteligente y buena... ¡Te va a ir bien!». Mi padre pagó mis estudios de psicopedagoga. Ellos eran lo más valioso de esa piñata para mí. ¿Qué hice con lo que no me servía de la piñata? Lo transformé, Ismael. A mi mami nunca le hablaba, pero decidí hacerlo a los quince años. Me dije: «¿Quién soy yo para juzgarla?». En vez de odiar a mi familia, estuve allí con ellos. Creo fielmente que todo lo que das, a ti regresa. Jamás albergué odio en mi corazón. Vivo hoy en día muy bien.

La carta de Aurelis me emocionó, pues ella consiguió gestionar sus expectativas y hacer un uso coherente del poder de la intención, pese a la creencia generalizada de que no llegaría lejos. Una vez más se demuestra que las circunstancias influyen en la vida de las personas, pero no la determinan.

El poder de la intención no es una invención ni una quimera. Cada vez aparecen más estudios científicos al respecto. Ernesto Bonilla, investigador de la Universidad del Zulia, en Venezuela, define la intención como el pensamiento enfocado para realizar una acción determinada y considera que los «pensamientos dirigidos a un fin» pueden afectar tanto a los objetos como a la materia viva. «La emisión de partículas de luz (biofotones) parece ser el mecanismo mediante el cual una intención produce sus efectos», asegura.[19]

Sin embargo, aclara que, para que la intención sea efectiva, es necesario escoger el momento apropiado. Bonilla reconoce además la importancia actual de estos estudios, ya que se está produciendo un «profundo cambio de paradigmas» en la Biología y la Medicina.

6. Umbral de merecimiento

Todo hombre es como un cheque en blanco firmado por Dios. Nosotros mismos escribimos en él la cifra de su valor con nuestro merecimiento.

Amado Nervo

En mi libro *Un buen hijo de P...*, Arturo le decía a Chris que cuando se recuperara a él mismo y rescatara su autoestima, solo esa victoria suya le daría la posibilidad de encontrar la llave del corazón de Mary y traerla de vuelta para siempre: «Con mi ayuda, desde afuera, tú comenzarás a realizarte desde tu interior». Chris repetía una y otra vez, para sus adentros, la frase de Arturo, su *life coach*. Comprendía, como nunca antes, la importancia real de esas palabras. Se convencía cada día más de la impostergable necesidad de rescatar su autoestima, o de cosechar y elevar su umbral de merecimiento. No estaba seguro de haber tenido en alguna ocasión una autoestima saludable, la suficiente para tratar de conocerse a sí mismo como ser humano. Entonces, en ese momento, se marcó su objetivo principal.

A veces, nuestros sueños se basan en relaciones fuera del entorno inmediato; pero si no los ponemos en marcha, el propósito se queda en nada. No es una cuestión únicamente referida al dinero, sino de redes y cómplices. **Espiritualmente hablando, nos acostumbramos a vivir con lo suficiente, cuando podemos hacerlo en abundancia.** Disfrutar lo extraordinario es vivir a plenitud, explotar nuestras potencialidades y superar la ley del menor esfuerzo.

Éxito convoca a éxito, tristeza llama a tristeza, y así, infinitamente, la vida multiplicará el sentimiento que empoderes. Si de verdad quieres atraer lo que deseas, hay que vivir en abundancia, aspirar a tener más de lo que necesitamos, espiritualmente hablando, para compartir con los demás. **No necesitamos lo que físicamente cabe en una piñata para ser felices. Soñar con un propósito es mucho más coherente que hacerlo sin misiones claras.** Hay soñadores que van a la deriva, sin rumbo, pero otros logran realizar sus aspiraciones y tener aún más impacto del que persiguen.

Nuestro futuro no depende de lo que alguien coloque dentro de una piñata, ni de la suerte (o la fuerza física) que tengamos en la batalla por el premio. Mereceremos unos bienes materiales y espirituales decididos por nosotros mismos, proyectados en conciencia y trabajados honorablemente.

Factores de éxito

Pero, ¿por qué unas personas son más exitosas que otras? El núcleo es cuánto crees que vales. Nadie te regala el valor. Siempre he sido consciente de que uno tiene que irlo ampliando. Si no somos capaces de darnos nuestro valor, soñar mentalmente y potenciar dentro de la mente un gran sueño, no lo vamos a poder vivir, no vamos a estar preparados. **Si no entra en tu mente, no cabe en tu mundo, no llega a tu vida.**

En lo material, ya hemos hablado de las personas que ganan la lotería y no consiguen administrar su éxito porque no saben cómo. Nunca en sus mentes entró tal cantidad de dinero; y, como no entró, no tuvieron proyectos ni intenciones. Hay mucha gente infeliz con grandes fortunas. Si no asumen el propósito de compartir y de hacer algo productivo que añada valor a otros, ¿para qué vale su fortuna?

Y justamente el siguiente ejemplo nos demuestra cómo la generosidad genera un estado de abundancia en nosotros. Es la historia real de los hermanos Stocklas, que ganaron a la vez dos premios de lotería en el Estado de la Florida. Leí la noticia en el diario mexicano *Excelsior*: James Stocklas regresó de pescar y descubrió que tenía en su poder los números ganadores del premio mayor: 12-13-44-52-62. Esto significaba casi 300 millones de dólares. Sorpresivamente, su hermano Bob había obtenido también un premio, pero solo de siete dólares. James, sin embargo, anunció que compartiría el suyo con toda la familia, incluyendo a Bob.

En este caso, la historia parece terminar de modo feliz: el millonario desea compartir su fortuna con la familia y con el hermano menos favorecido. Imagina que esa persona comienza a creer que no vale nada o que vale muy poco, porque en una piñata del azar no le tocó el premio gordo. Si así hubiese sido, mi mentalidad hasta hoy, mi estado de carencia en lo externo, se hubiera transformado ya en un estado de indigencia espiritual. Así viven algunos acaudalados que conozco, quienes quizás invierten maravillosamente su dinero en cuestiones materiales, pero no en su espíritu.

Nací en un país comunista, donde el Estado alegaba que «proveía las necesidades básicas» de las personas. Me hubiera gustado programar mi mente, como hago ahora todos los días, en el sentido de que valía más. Estoy convencido de que el número del cheque del que soy portador tiene que ser más grande. No por ambición desmedida, sino por una cuestión de potencial infinito. **Nacemos para crecer, para volar a dimensiones de un potencial infinito. Entendemos que, si ayudamos a otros a solucionar problemas, solventar deseos o satisfacer necesidades, le añadimos valor.** Y, por efecto mágico, elevamos nuestro valor personal como instrumentos del servicio. Esa es la clave de nuestro valor: el aporte que hacemos a los demás.

Ejemplos actuales

En este mundo viven seres capaces de aportar gran riqueza individual y colectiva. No porque la heredaran, sino porque desarrollaron grandes e innovadoras ideas. Es el caso de Mark Zuckerberg, quien diseñó la red social Facebook, junto a otros compañeros de la Universidad de Harvard. Él innovaba desde los dieciocho años, creaba alternativas y productos que incluso compartía gratuitamente en Internet. No exento de polémica, hoy posee una de las mayores fortunas del mundo. El éxito también le ha convertido en un gran filántropo. Su gran triunfo es entender hoy que su umbral de merecimiento no tributa beneficios únicamente personales: su dinero también sirve a otros a través de generosas donaciones. Y su aporte en servicios a través de Facebook es inigualable en beneficios para millones y millones de personas en el mundo que ponderan su creatividad y liderazgo.

Bill Gates es otro magnífico ejemplo. Siempre fue un apasionado de la informática, supo codearse con otros genios de su generación y aprovechó cada oportunidad de la vida hasta consolidar el imperio Microsoft. Ni él ni Zuckerberg pueden eludir las polémicas personales y empresariales, pero me quedo con sus aportes, con lo positivo de su esfuerzo intelectual, con su ambición por crecer, aportar y soñar con lo imposible. Y también me quedo con sus visiones sobre la filantropía. Ambos son modelos de desapego material en el mundo de los más influyentes pensadores y emprendedores.

En mi programa entrevisté al cubanoamericano Jorge Pérez, el genio responsable de los mayores proyectos arquitectónicos de Brickell, la zona más moderna de Miami. Hijo de inmigrantes, estudió en Estados Unidos. Sus padres lo perdieron todo al abandonar Cuba, pero él consiguió crear una fortuna a través de su visión de desarrollo urbanístico en Miami. Hace poco anunció la donación de la mitad de su riqueza, como una especie de «sanación». Ingresó así en el selecto grupo de millonarios que se dieron cuenta de que hay que hacer la diferencia a través de la filantropía, con responsabilidad y creando proyectos sustentables. Uno de sus grandes aportes es el Museo de Arte de Miami.

¿Cómo hago para valer más?

El umbral de merecimiento es importantísimo en la fijación de objetivos de vida, pero a veces nuestro cerebro se resiste a las grandes ideas y al cambio. Incluso se rebela frente a una gran idea que se nos ocurre, porque percibimos indicios de que no es posible o realizable. Es evidente que las grandes ideas nos asustan.

Francisco Sáez,[20] experto en la llamada «productividad GTD» (*Getting Things Done*, Resolviendo las cosas), opina que la resistencia que provoca la mente emocional —o el instinto de supervivencia— induce a evitar las herramientas para ser más productivos. «Prefieren estar ocupados haciendo la lista de tareas de otros a crear la suya», argumenta sobre algunos, y considera que, si vivimos de ese modo, no tendremos ninguna responsabilidad cuando algo no funcione. «¡Qué tranquilidad!», dice irónicamente. Sáez cree que no podemos evitar tal resistencia, pero sí «adormecerla» a través de la creación del entorno y los hábitos adecuados.

El gran maestro del psicoanálisis, Sigmund Freud, decía al respecto que «la tradición es la excusa de las mentes perezosas que se resisten a adaptarse a los cambios». Su idea es uno de los mejores llamados para romper paradigmas que he escuchado. Sobre este tema volveremos más adelante.

El umbral de merecimiento es algo que debemos trabajar intensamente, porque sus repercusiones están presentes en todo momento. Por ejemplo, cuando a un niño le dicen: «Tú no puedes, no sueñes. Somos pobres, no podremos…». Entonces su merecimiento se limita, no se desarrolla, no crece. Miremos el ejemplo de Franklin Chang-Díaz, el único astronauta de Costa Rica. Es evidente que en su país natal no radica la NASA. Si a ese niño le hubieran dicho: «Aquí no hay instituciones espaciales, tú nunca no vas a llegar al cosmos», posiblemente jamás hubiera logrado tales hazañas. Pero la verdad es que Chang-Díaz se las ingenió para llegar al espacio habiendo nacido en Costa Rica.

Si analizamos las historias de vida de los personajes mencionados en este libro, y de muchos otros, nos damos cuenta de que trabajaron contra lo imposible; hicieron una carrera de resistencia contra lo poco probable. **Esos son los grandes triunfadores, los que han luchado constantemente para hacer crecer su umbral de merecimiento.**

Una experiencia personal

Personalmente, tuve una gran frustración con el umbral de merecimiento. En Cuba, en mis años juveniles, estaba prohibido pagar a alguien si aún estudiaba, y yo colaboraba en los medios desde los ocho años de edad. No es como en Estados Unidos, donde los padres pueden cobrar y guardar el dinero en una cuenta a los niños que actúan en películas. Así que trabajé durante muchos años como «aficionado», sin recibir ni un solo centavo.

Sin embargo, al graduarme en 1992, la frustración se incrementó exponencialmente. ¿Por qué? Pues estábamos en pleno «período especial», la gran crisis económica que padecimos después del colapso de la Unión Soviética. Mis primeros salarios oficiales fueron de 198 pesos cubanos, que representaban menos de dos dólares al cambio. ¿Qué podía hacer con menos de dos dólares al mes? No mucho, en realidad. Ni siquiera comprar productos de higiene personal, porque ni había. Faltaban los insumos. Vivía en la carencia exterior y desafiado por el fantasma de la desesperanza. Esa fue una gran prueba de fuego para mi alma, mi mente y – por qué no – hasta para el cuerpo, que no podía comer cuando lo necesitaba, sino cuando había, y lo que había.

Entonces, mi umbral de merecimiento me precipitó en una depresión inmensa. Mis autocuestionamientos iban y venían: «Todos estos años de sacrificio, esperando el momento de ser independiente desde el punto de vista financiero, y ahora todo se convierte en sal, porque es el peor momento económico de este país. No es posible que me haya preparado tanto y que mi compensación ni siquiera sea suficiente para comprar rollos de papel sanitario». Sin exageración alguna, a veces no había otra alternativa que usar hojas de plátano para tales quehaceres.

A mí me tocó vivir todo eso a los veintidós años. Por eso me prometí que debía irme a algún lugar y tomar el control de los acontecimientos, sin esperar a que los cambios cayeran del cielo o los impulsaran otros. Mi transformación mental, afortunadamente, ya había comenzado dos años antes con el derrumbe de la Unión Soviética y de tantas ideologías que me habían programado en mi mente. Pero el punto clave para adoptar la decisión de marcharme fue cuando perdí la ilusión frente a todo lo que me había preparado y sacrificado.

Mi punto de inflexión

A partir de ahí, dije: «Tengo que hacer valer más mi talento, tengo que valer mucho más que esto. Y no puede ser únicamente un gobierno el que determine cuánto yo gano». En el comunismo cubano de entonces, a diferencia del capitalismo, no podías negociar un contrato. Afortunadamente, esas etapas de supervivencia, en las que tuve que autolimitarme en todo, pasaron.

Decidí abandonar Santiago de Cuba, todavía con más preguntas que respuestas: «¿Cómo hago para valer más? ¿Cómo ser mejor profesional en mi trabajo, para que me paguen más?». Y realmente lo pude hacer, hasta cierto punto, porque gané mucho dinero con algunas contrataciones en La Habana. Cuando salí de Cuba, en 1998, ingresaba tres salarios diferentes en moneda nacional. Estaba mucho mejor pagado que un neurocirujano, lo cual era completamente absurdo. ¡Tenía tres trabajos!, pero podía vivir mucho mejor. Entonces, mi umbral de merecimiento creció.

También en ese momento, me prometí que no desaprovecharía los tiempos de espera. No podía quedarme inerte, solo en quejas y penurias, deseando estar en otro lugar bajo otras circunstancias. Debía usar ese tiempo como una tregua fecunda de preparación para estar listo cuando la oportunidad llegara. **Muchos malgastan su potencial en tiempos de espera, haciendo nada o poco, gestionando el vacío de la disciplina desde la intrascendencia del ego herido.**

En realidad, la mejor manera de crecer es cuando, en medio del dolor, de la fatiga y del desasosiego, puedes cultivar la calma, tu valor de ser, tu integridad de transformación. A todas las personas que me preguntan como *coach* sobre el éxito, siempre les aconsejo someterse de vez en cuando a la necesidad de reinvención, a la incomodidad de la incertidumbre, a lo complejo del despertar. **Vivimos en la era de la re-evolución permanente. No basta con hacer revoluciones personales en nuestra vida, una vez cada década. Estas son necesarias en cada uno de nuestros días.** Debemos tomarlas como una vida en miniatura, y crear una gesta en evolución, de la que nos sintamos orgullosamente agradecidos.

Cuando llegué a Canadá, me di cuenta de que conservaba buenas habilidades profesionales, pero no hablaba ni inglés ni francés. Entonces, la barrera comunicativa hizo caer nuevamente mi umbral de merecimiento y mi autovaloración profesional. En ese tiempo trabajé como mesero un año completo, y luego como animador de un cabaret de cena. No podía aspirar a ganar mucho, pues no contaba con las habilidades necesarias en ese momento. Pero me preparé, volví a la universidad, estudié y dije: «Me tengo que convertir en el mejor que pueda ser».

Una precisión necesaria

Sin embargo, aquí quiero hacer un paréntesis. **Tu valor no está determinado por un oficio o profesión en particular, sino por la capacidad de alcanzar un nivel de maestría y profesionalidad en lo que haces.** Fíjate que hay personas que hacen el mismo trabajo, pero ganan por ello sumas totalmente diferentes. ¿Cuál es la causa? Evidentemente, afectan con su resultado a un número totalmente diferente de personas. De hecho, en mi propia experiencia como mesero, lo pude constatar. En los primeros tres meses en La Rancheta Dominicana, en Toronto, me quejaba constantemente de que mis clientes no me dejaban casi propina. En Canadá, la propina está en el ADN de la relación cliente-mesero. De hecho, ganábamos un salario básico legal porque se suponía que lo compensaríamos con la propina de cada noche.

Para no cansarte, no me dejaban propinas por mi pésimo servicio. En realidad, desempeñaba ese trabajo por necesidad, sin tener la cualificación adecuada: requería recursos para alquilar un cuarto, comer, transportarme y pagar los trámites inmigratorios para ajustar mi estatus en el país. En mi mente no había vocación de servir, y el resultado era obvio: no había retribución por parte de mis clientes con una generosa propina. De hecho, creo que me dejaban una especie de premio de consolación por mi mediocre esfuerzo.

A los tres meses, mi amigo el cocinero me dijo: «Si prestas atención a sus deseos y les ayudas amablemente a tener una experiencia deliciosa, deliciosa será también tu propina. Así podrás compartir más con nosotros, aquí en la cocina, que dependemos de los meseros para recibir algo extra». Créeme que a partir de esa noche todo cambió. Dejé de pensar en mí, comencé a centrarme en mis clientes y en lo que necesitaban. Fue mágico ver cómo desde entonces mis propinas aumentaron y se multiplicaron al infinito. Una noche, una pareja de canadienses me regaló un billete de cien dólares, y la cena solo les había costado setenta y ocho. Al final, me dijeron: «Sabemos todo lo que has tenido que pasar al salir de Cuba y llegar aquí. Queremos ser parte de tu crecimiento. Tienes un gran futuro en este país y estamos seguros de que te veremos regresar a tu carrera, a los medios y hacer más de lo que tu imaginación ha concebido».

Ampliación constante

A través de todos estos años, mantengo una pregunta vigente: «¿Qué tanto aprendo, crezco y sirvo a los demás con lo aprendido?».

Ha sido una reconversión lenta. Mi umbral de merecimiento se ha ido ampliando hasta el punto de que hoy soy capaz de hacer una negociación por mí mismo, algo que ni imaginaba hace diez años. Tal y como explica Tony Robbins sobre estos casos, mi pregunta primaria era: «¿Soy lo suficiente? ¿Tendré lo suficiente?». Yo venía de un contexto de carencia, y no podremos aumentar nuestro umbral de merecimiento si fomentamos esa mentalidad de manera parásita. **El antídoto contra la carencia es un pensamiento de abundancia.** Pero, ¿cómo alguien puede, en medio de las limitaciones, desarrollar un pensamiento de abundancia? Ahí está el gran rol que juega nuestra mentalidad.

Siempre pensé en un futuro más prometedor que el de mi alrededor. Cuando en Cuba aún estaba prohibida la palabra «publicidad», ya nuestro equipo de trabajo la utilizaba a contracorriente. Nos reuníamos en la calle Padre

Pico, en Santiago, en la casa de Tamara Tong. En medio de largos apagones y prácticamente sin comida —solo té negro o agua azucarada—, nuestra especie de *mastermind club* ideaba nuevos programas radiales, campañas de imagen e identidad de marca para la radio y echaba al vuelo la imaginación. Aquellas reuniones eran excelentes, creo que nos salvaron —mentalmente hablando— de que la hecatombe económica nacional terminara afectando nuestra creatividad. De esos años recuerdo perfectamente una frase icónica: «Si no fuera por estos momentos...».

La pregunta primaria es importante, porque puede ayudar a transformar vidas. **Muchas personas se cuestionan si tendrán lo suficiente o si serán lo suficiente. Si no cambiamos esa pregunta, siempre vamos a vivir con miedo** a ser apaleados o jalados en direcciones inesperadas, como una piñata sin rumbo.

Retomo la carta de Lidia Abanto, porque uno de sus fragmentos se ajusta al debate sobre el umbral de merecimiento:

Si tuviéramos que observar nuestra vida, veríamos que es como una piñata, llena de sorpresas y tesoros que todos anhelamos recibir; pero el miedo y la falta de confianza en nosotros mismos nos paralizan. Solo somos observadores de cómo otros logran sus metas y sueños atreviéndose a hacer lo que nosotros no hacemos. Hay que romper la piñata en la vida, lanzarnos a la aventura de vivir la emoción que experimentan los niños cuando la rompen. La piñata es algo muy preciado, todos la miramos, la observamos e incluso predecimos qué tanto podríamos obtener de ella. Romper una piñata en la vida es como romper nuestros miedos y paradigmas que no nos dejan avanzar.

Si la vida tiene tantos bellos regalos que ofrecernos, ¿por qué no nos lanzamos, como otros, a buscar el regalo deseado. Es normal que pensemos que no tenemos la fuerza suficiente, ya que hemos sido criados en una cultura de miedo y creencias que no nos permiten ir más allá que lo que está establecido. Sin embargo, dar el primer paso es muy importante, tenemos que saber que si tomamos valor y nos preparamos podremos lograrlo. Por tanto, es necesario limpiar nuestra mente de miedos y pensamientos que nos dejan rezagados en la vida. ¡Cuán relevante es enseñarles a nuestros hijos a aprender a manejar sus emociones para hacerlos seres humanos exitosos sin temores!

Existen dos sentimientos predominantes en nosotros: el amor y el miedo. El miedo es la ausencia de amor porque, cuando tú amas, no hay miedo. Fíjate, ¿qué son los celos? Dudas sobre el amor. ¿Qué es la rabia? Un sentimiento opuesto al amor. El amor genera compasión, solidaridad, empatía… Amor y miedo son sentimientos básicos que mueven al ser humano. Luego, **si estamos llenos de amor, el umbral de merecimiento se expande, pero, si prevalece el miedo, entonces se contrae**, es muy limitado.

La mayoría de las personas viven como piñatas. Y residir dentro de una piñata, como dice nuestra editora Graciela Lelli, es vivir dentro del miedo. Vivir así es como estar a ciegas, esperando a que alguien te dé un palazo, para ver dónde caes.

7. El poder de compartir

Recuerda que, cuando abandones esta tierra, no podrás llevarte nada de lo que has recibido, solo lo que has dado.

Atribuido a San Francisco de Asís

La última de las siete puntas de mi piñata es el poder de dar. Y precisamente cierro el capítulo apelando a ese concepto, porque es típicamente lo que casi nunca sucede tras romper una piñata. Poco o mucho, pero **el secreto de ganar está en compartir. No habrá mundo para todos si no lo entendemos a tiempo**.

En estos temas me viene a la mente la Kabbalah, una filosofía que enseña a ser como Dios, a desprendernos del ego y entregarnos a una dimensión divina. Cuando leí *Ser como Dios*, de Michael Berg, me di cuenta de que, efectivamente, hacemos callar al ego a través de la escucha y en conversión hacia a lo espiritual. Los kabbalistas denominan al ego como «el oponente, la inclinación al mal», porque es, sin dudas, un bombardero de confusión, deseos insatisfechos, ansiedades, falsos ídolos y desesperación. La Kabbalah abre una puerta para despertar del sueño individualista, del interés de recibir solo para nosotros mismos, y anima a compartir la esencia que nos une.

Vivimos en un mundo donde el yo egoísta nos aprisiona. No nos interesa la verdad del otro, ni mucho menos sus problemas. Buscamos solo una satisfacción que alimente y glorifique nuestra existencia. **Algunos practican la caridad para sentirse bien y alimentar su ego, pero para compartir desinteresadamente, hace falta un amor divino, como el de Dios.**

Adriana Plaza me cuenta:

Cuando uno es un niño, siempre prima el ego. En la piñata nos peleábamos por tener más, por ser el que tomaba los mejores regalos y demostrarles a todos que éramos los más afortunados. Personalmente, creo que me causaba un trauma, pues entre mis primos yo era la más pequeña. Una vez que se abría la piñata, los más grandes caían encima y yo siempre quedaba atrás, recogiendo lo poco que me llegaba. Lloraba mucho.

Muchos relacionan el don de dar con la dádiva material, o sea, con el gesto altruista de saber compartir nuestros bienes de uso, incluyendo el dinero, con aquellos que tienen menos. Cooperar con los demás es un hecho que enaltece nuestra dignidad humana, es una demostración de nobleza, desprendimiento y un acto de fe. Eso es indiscutible, pero muy poco se habla de la trascendencia del don de brindar espiritualidad. Además, a veces no tenemos mucho más que ofrecer.

El don de dar trasciende el mero ámbito de la donación material. Va más allá de aquello que podemos contabilizar o situar encima de una balanza. Dicha virtud abarca nuestro universo espiritual como donantes de bienes espirituales. Es entonces cuando se produce un mayor y más profundo intercambio entre quien da y quien recibe, porque nada material atenta contra la fortaleza del espíritu. En tiempos convulsos como los que vivimos, la catadura material de las cosas muchas veces es determinante para encaminar la vida terrenal; pero, en última instancia, **el aspecto espiritual es el imperecedero, es el que más penetra en el alma y en el corazón y el que más cala en el recuerdo y en el cariño de nuestros semejantes**.

Hay momentos de nuestra vida en que requerimos básicamente apoyo emocional. Entonces, nuestro don de dar puede manifestarse en toda su dimensión espiritual a través de una frase de aliento, ofreciendo respaldo y cariño, comprendiendo y compartiendo emociones, brindando fortaleza y a la vez esperanza. **El don de dar, en ninguna de sus variantes, material o espiritual, requiere algo a cambio, ni siquiera agradecimiento**. Si no, estaríamos en presencia del don de negociar o intercambiar, y ya eso es otra cosa. Compartir se apuntala en el más profundo desinterés, nunca pasa factura, pues es un regalo divino, y de ahí su esencia espiritual.

Saber recibir

Y, si es necesario saber dar, también es imperativo saber recibir, porque quien no sabe recibir no está en disposición de dar. Ejercer la bondad es amar, ser tolerantes, practicar el perdón, ser compasivos. Obrar con bondad significa poner en función de los demás todo el manantial de cualidades que dignifican al ser humano; nunca comulgar con la vanidad o el engaño, porque adulterarla enrarece nuestra dignidad. Nadie lo resume mejor que el gran escritor norteamericano Ernest Hemingway: «Todo acto de bondad es una demostración de poderío».

Muchos lectores me escribieron para contarme sus experiencias. Entre decenas de *e-mails*, seleccioné varios en torno al generoso acto de compartir. Me satisface que las personas lo tengan presente al hablar de la piñata. Ana Alicia Tovar, por ejemplo, comentaba:

Casos de casos han ocurrido debajo de esos muñecos en forma de piñata. Personalmente, no me gustaba mucho lo que representaba esa piñata. Pero sí veía una oportunidad para compartir lo que recibía con quien tenía al lado… ¿Por qué tenía que ser solo mío algo que caía del cielo y luego de haberlo forzado? Era mejor si se compartía.

Estas piñatas suelen hacer nuevas apariciones en algunos eventos de nuestras vidas como adultos: las despedidas de solteras, por ejemplo. Crecemos creyendo haber dejado esos enfrentamientos en las fiestas de los compañeritos de la escuela, para terminar haciéndonos adultos y darnos cuenta de que la vida, en resumidas cuentas, es una piñata. Tal vez fue algo sabio de nuestros padres hacernos experimentar esas situaciones, para aprender a ver la vida en lo bueno y en lo malo.

Vivo en Venezuela, y esta palabra cobra más sentido en nuestras vidas. Lastimosamente, la realidad de todos los días es un «quítate tú para ponerme yo», que de verdad no me está gustando. Nos acostumbramos a que todo nos caiga del cielo y se nos está olvidando que se necesita de un poco de esfuerzo para alcanzar las cosas. Sin embargo, yo sigo con mi filosofía aprendida de niña: que es mejor cuando se devuelven estas cosas.

Altruismo y egoísmo: un dúo antagónico

Altruismo es, según la RAE, «procurar el bien ajeno aun a costa del propio». Sus motivos son únicamente humanitarios. La bondad es una de las más bellas manifestaciones de altruismo, es la inclinación natural a hacer el bien y está estrechamente ligada a la ternura, la amabilidad y la delicadeza de carácter en los seres humanos.

Altruismo y egoísmo son temas recurrentes en tratados filosóficos, psicológicos, sociológicos, políticos y religiosos. La mayoría de las personas asocian la bondad — como manifestación del altruismo — con la dádiva material, incluido el dinero; sin embargo, los seres humanos paradigmas de esta virtud se distinguen por ejercerla, ante todo, en el plano espiritual. Entre otras razones, porque son personas que, motivadas por su afán de servir al prójimo, se despojan de todo lo material, nada poseen. La Madre Teresa de Calcuta, fallecida en 1997, sigue siendo uno de los más genuinos modelos del ser humano bondadoso y altruista.

Es una actitud positiva que tiende al beneficio de los demás, sin esperar nada a cambio. Una tendencia natural a hacer el bien, porque no se aprende a ser altruista en ninguna parte, sencillamente se es y se practica.

El altruismo en los filósofos

Sin embargo, uno de los grandes maestros de la cultura griega, Sócrates, nacido en el año 470 antes de Cristo, pensaba lo contrario. Él identifica el bien —léase bondad— con Dios y con el conocimiento. Afirma el gran maestro que hacer el bien es deseable, y lo define como «un valor esencial» en los seres humanos. Y se pregunta: ¿qué es el bien? La respuesta trae consigo lo interesante de su punto de vista. Sócrates era del criterio de que, si se respondía esa interrogante correctamente y se desentrañaba su significado, sería posible enseñarle a la gente cómo ser buena, de la misma manera que se enseñan otras asignaturas. Y así, asegura el maestro, se eliminaría el mal. Aunque nos parezca descabellado este análisis, es congruente con su pensamiento, por cuanto la maldad para él es una manifestación de ignorancia, mientras que el bien es todo lo contrario, pues nos ofrece la sabiduría suficiente para conocer a Dios, y «Dios es el bien», afirma.

Otros filósofos griegos posteriores, como Platón y Aristóteles, también se interesan en la concepción del bien y toman mucho de Sócrates. Platón, en uno de sus diálogos, sustenta que «el hombre es bueno cuando es virtuoso y la virtud es conocimiento y prudencia».

Enmanuel Kant (1724–1804), un alemán considerado la figura central de la filosofía moderna, insiste en demostrar que la bondad y la maldad en los seres humanos residen en la «voluntad». Según su pensamiento, bondad es sinónimo de «buena voluntad» y el hombre actúa según su «propia voluntad». La bondad es un fin «en sí mismo» y se basa en el respeto a la moral. Muchos otros filósofos dedicaron y dedican tiempo a estudiar la bondad y el altruismo.

El concepto del bien ha sido y es una asignatura básica a la hora de analizar el comportamiento humano.

Es al francés Auguste Comte (1798–1857), para muchos el creador del positivismo y la sociología, al que se le atribuye el término «altruismo». Según los estudiosos, lo estructuró a partir del vocablo italiano «altrui», o sea, «el otro», derivado del latín *altera*. Para Comte, altruismo es solidaridad interpersonal y, por ende, es el antónimo natural de egoísmo. Su vida fue ejemplo de altruismo. Fue profesor de Astronomía de manera gratuita; escribió extensas obras con el único propósito de hacer el bien y dejó para la posteridad la que para muchos es la frase más representativa del altruismo: «Vivir para los demás no es solo la ley del deber, sino también la ley de la felicidad».

Del talento de Comte surge una famosa y profunda trilogía de palabras, emblemática en muchas naciones: altruismo, orden, progreso. En banderas como la de Brasil, pueden leerse las palabras «Orden y Progreso», como reconocimiento de esa nación al pensamiento del ilustre francés.

El altruismo en los libros sagrados

En lo religioso, la Biblia, libro sagrado de la cristiandad, narra en uno de sus pasajes más conocidos la parábola del buen samaritano. El Evangelio de Lucas cuenta que un sacerdote y su asistente pasaron cerca de un judío herido y pretendieron no verlo. Sin embargo, a pesar de que judíos y samaritanos eran enemigos, uno que pasó por allí vendó las heridas al judío, lo montó en su burro y lo llevó a una posada para que lo curaran. El samaritano pagó por los servicios en favor del hombre judío. De ahí la famosa frase que califica a los seres bondadosos como «buenos samaritanos».

El Corán, texto sagrado de los musulmanes, resalta criterios del profeta Mahoma: «Ninguno de nosotros completará su fe hasta que ame para su hermano lo que ama para sí mismo». El altruismo en el islam es una condición esencial para profesar la fe en Dios. Para un musulmán, «la mejor caridad es la que se entrega cuando uno se encuentra en la necesidad y la dificultad...».

La ausencia de altruismo y la falta de bondad generan insensibilidad ante las necesidades y el sufrimiento de los demás, deshumanizan al ser humano, lo convierten en un ente indeseable por la sociedad. Por esa razón, afirmo que el altruismo y el egoísmo son un antagónico dúo que define procederes básicos.

El egoísmo, visto por la religión y la filosofía

En la Biblia no encontramos el término «egoísmo», antónimo natural de «altruismo», porque es una palabra muy joven. La Biblia se refiere a los egoístas como «hombres amadores de sí mismos», a los cuales se les contraponen, por supuesto, los que se dedican a amar y hacer el bien a los demás. Según dice, el egoísmo se manifiesta en los deseos humanos. En Filipenses se afirma: «Porque todos buscan lo suyo propio, no lo que es de Cristo Jesús». Como punto de vista bíblico, envuelve la definición de egoísmo en un manto religioso y la relaciona con Jesús. Pero si despojamos la frase del contenido religioso, si la secularizamos, nos quedan cuatro palabras clave: «buscan lo suyo propio». Aunque no se conocía en aquellos tiempos el término «egoísmo», la Biblia lo describe con claridad eterna. Es una definición gramatical corta y perfecta.

Cuando hacemos referencia a un egoísta, nos viene a la mente una persona maldita. Sin embargo, si analizamos correctamente el significado que le precisa la lengua española a ese vocablo, «es el amor excesivo y sin moderación que una persona posee sobre sí misma y que, por lo tanto, atiende sin medidas el interés propio». «Busca lo suyo propio», según la Biblia. Entonces, podemos valorar al egoísmo como una filosofía de vida que impone el «ego» o el «yo» como centro de todo y de todos. Allí no hay lugar para los demás, aunque no tiene por qué significar que los egoístas deseen, obligatoriamente, el mal a los demás.

Arthur Schopenhauer (1788–1860), un filósofo alemán muy conocido por sus puntos de vista pesimistas, afirma que el egoísmo provoca vicios como la codicia, la gula, el orgullo, la lujuria y la vanidad, en tanto la maldad va más allá, y acarrea vicios más insanos, como la envidia, la ira, la calumnia, el odio, la venganza y la traición.

Schopenhauer es certero en sus criterios: el egoísmo puede ser un arma de los malditos en algún momento, pero nunca se nutrirá de emociones tan nocivas y perturbadas como la ira y el odio, ni de sentimientos tan bajos como la envidia, aunque, como actitud en la vida, tiene mucho de reprochable.

En América, algunos de sus hijos más ilustrados también han intentado definir el concepto de egoísmo y analizar sus nefastas consecuencias. José Martí, un cubano de excelencia, se pregunta: «¿No es el egoísmo la lepra y signo dominante en nuestros tiempos?». En un discurso pronunciado en Nueva York, en 1894, y que aparece en sus *Obras completas*, responde: «El egoísmo es la mancha del mundo, y el desinterés, su sol. En este mundo no hay más que una raza inferior: la de los que consultan, ante todo, su propio interés, bien sea el de su vanidad o el de su soberbia o el de su peculio; ni hay más que una raza superior: la de los que consultan, antes que todo, el interés humano».

El dalái lama siempre repite que «si usted quiere que los demás sean felices, practique la compasión», pero también que «si usted quiere ser feliz, practique la compasión».

Como a ti mismo...

Una de las antípodas del egoísmo es la compasión, por cuanto se considera una expresión de excelsa bondad y altruismo. Esta actitud ante la vida ensancha como ninguna otra su distancia con el egoísmo. Es una virtud que impulsa a los seres humanos a apoyar a sus semejantes, en especial cuando padecen física, psicológica o espiritualmente. Pero la compasión no solo tiene como propósito tratar de aliviar el dolor ajeno, sino que va más allá: también trata de compartirlo sin intención de recibir algo a cambio. Su influencia es tan noble y abarcadora que no se limita a los humanos únicamente. Incluye además a los animales entre los seres con los cuales debemos ser compasivos.

Practicar la compasión tiene mucho de solidario y proporciona un estado de tranquilidad y complacencia espiritual inmediatas. Requiere de mucho control emocional, porque se hace realidad hasta con quienes nos atacan. Esto exige un total dominio de emociones destructivas como la ira, el odio y la soberbia. **La compasión invita a tratar a los demás de la manera que quieres que te traten a ti mismo.** Es una de las más hermosas virtudes de los seres humanos y, por supuesto, una de las que ha sido objeto de más análisis por líderes religiosos, libros sagrados y filósofos.

Las personas que insultan o maltratan, en su inmensa mayoría, son víctimas de emociones y sentimientos mal gestionados y, aunque parece paradójico, también sufren por ellos. La compasión es la base de religiones como la budista. Uno de sus mayores exponentes, el dalái lama, le confiere valores personales, familiares y sociales. En muchas ocasiones él ha expresado que la compasión es un pilar para la paz mundial, porque para que haya una paz genuina y duradera en el mundo, es imprescindible la paz interna de las personas.

El dalái lama nos regala criterios muy profundos e interesantes acerca de la paz. Él cree que muchas veces se alcanza una paz temporal gracias al miedo, pero esa no es verdadera. Y tiene mucha razón.

Otro venerable maestro del Tíbet, Gueshe Kelsang Gyatso, asegura que «con un poco de práctica, podemos transformar a nuestros amigos en un tesoro y obtener la riqueza del amor, la compasión, la paciencia y demás virtudes. Sin embargo, para poder hacer esto, nuestro amor por ellos ha de estar libre de apego». Retoma las ideas del dalái lama relacionadas con la compasión y la conciencia. La práctica, según este respetado maestro, puede adquirirse a través de la meditación.

Kelsang Gyatso, también reconocido como experto en meditación a nivel internacional, sostiene en *Ocho pasos hacia la felicidad* que «la compasión que sentimos al contemplar a los demás es la riqueza interior suprema, una fuente inagotable de felicidad que nos beneficia no solo en esta vida, sino también en las futuras». El budismo se propone como propósito central cultivar un amor y una compasión incondicionales hacia todos los seres.

Osho, el gran maestro hindú, no escapa del atrayente estudio de la compasión. Sin embargo, es irreverente,

como de costumbre, a la hora de examinar el real significado de esa virtud: «Muchos supuestos actos de compasión están teñidos de un sutil sentimiento de autoimpor-
tancia o deseo de reconocimiento. Otros se sustentan no
en el deseo de ayudar a los demás, sino en el de obligarles
a cambiar... Surge de nuestro interior el camino hacia
la auténtica compasión cuando empezamos a demostrar
una profunda aceptación y amor por uno mismo. Solo
entonces puede florecer la compasión y convertirse en
una fuerza sanadora, arraigada en la aceptación incondi-
cional del otro tal y como es».

En su libro *Compasión, el florecimiento supremo del amor*,
Osho narra un pasaje relacionado con Gautama Buda,
quien le dice a sus alumnos: «Alguien que no ha tenido
compasión no conoce el secreto de compartir». Uno de
sus discípulos, un seglar muy devoto, le respondió: «Yo
lo haré, pero solamente con una excepción. Voy a dar mi
felicidad, mi meditación y todos mis tesoros internos a
todo el mundo, excepto a mi vecino, porque es un hombre realmente perverso». «Los vecinos son siempre los
enemigos —le dice Gautama Buda—. Entonces, olvídate
del mundo y dáselo todo a tu vecino».

El alumno no entendió nada: «¿Qué está diciendo?».
«Que solamente si eres capaz de dárselo a tu vecino, serás
libre de esta actitud antagónica hacia el ser humano», le
aclaró Gautama Buda. «Compasión quiere decir aceptar
los fallos y las debilidades de los demás, sin esperar que
se comporten como si fuesen dioses. Sería una expectativa cruel».

Por un cambio intencional

Entre los principales tipos de pensamiento existentes,
John Maxwell menciona el altruista. El maestro nos pide

que experimentemos la satisfacción de un pensamiento desinteresado con la pregunta: «¿Cómo puedes pensar en los demás y aportarles valor para hacer la diferencia?». Y explica que consiste básicamente en plantearse lo siguiente: «¿Mi enfoque es hacia el interior o hacia el exterior?». Debemos reconocer que todos tenemos un enfoque hacia el interior por naturaleza. Nacimos egoístas, naturalmente, y por eso el pensamiento altruista debe ser enseñado desde la infancia. En un curso que organizamos juntos, Maxwell cita la Ley de Propiedad, desde la perspectiva de un niño pequeño, que se ve claramente en las situaciones frente a la piñata:

Si me gusta, entonces es mío.

Si te lo puedo quitar, entonces es mío.

Si yo lo tenía hace un rato, entonces es mío.

Si yo digo que es mío, entonces es mío.

Si me parece que es mío, entonces es mío.

Si tú te estás divirtiendo con él, entonces es mío.

Si tú dejas tu juguete a un lado, entonces es mío.

Si está roto, entonces es tuyo.

En su libro *Vivir intencionalmente*, el maestro del liderazgo asegura que el egoísmo y la trascendencia son incompatibles. Maxwell recuerda que la trascendencia va más allá de uno mismo, y consiste en algo más que el simple hecho de obtener un beneficio personal: «Para hacerlo, debes buscar un cambio intencional en tu manera de pensar, de egoísta a altruista, y pienso que eso cambia las cosas que haces, dado que ahora ya no vas a hacer las cosas solo para ti mismo. Ahora estás empezando a anteponer a los demás».

La batalla de las piñatas preocupa a muchas personas, por la sensación de guerra e insolidaridad que suele manifestarse a su alrededor. En este sentido, la caraqueña Yanet me cuenta:

Mi última piñata fue muy frustrante. Recuerdo que estaba muy emocionada porque era muy grande. Cuando al fin cayeron los juguetes, la mayor parte estaban debajo de la falda de una niña. Los demás niños se quedaron con un juguetico y yo solo atrapé un caramelo. No podía creer que ella era capaz de quedarse con todo y nadie, ningún adulto, hacía algo por esa injusticia. Para mí fue muy triste.

De adulta, siempre ayudaba a mi hija en las piñatas, para que no sintiera esa frustración de no recibir nada, porque igual a veces no es fácil atrapar juguetes.

Desde Perú, la amiga Haydee Nancy apunta en un correo electrónico que al romperse la piñata, «solo los más fuertes estaban abajo», pero también entre ellos aparecían «los amiguitos solidarios, que se colaban para obtener algo para los más débiles». La colombiana Paola se refiere también a las muestras de solidaridad que vivió en sus piñatas infantiles. Asegura que, para ellos, «el logro era compartir con los amigos lo que habían recogido». Otra carta que recibí, firmada por Gabriela Leveroni, desde México, compara las piñatas y sus picos con nuestras vidas:

En sí nuestra vida es eso, un recipiente lleno de dones, aptitudes, pensamientos y sentimientos que son limitados por esos «picos». Los pecados capitales son la soberbia, la avaricia, la envidia, la ira, la lujuria, la gula y la pereza. Se les llama capitales porque de ellos se desprenden otros vicios. Debemos ir tirando picos para ir mostrando nuestro interior.

Desafortunadamente, aun con el trabajo interior que realizamos, no somos capaces de mostrar todo lo que llevamos en nuestro interior y lo hacemos de modo selectivo. Con algunas personas nos quitamos la soberbia y empatizamos desde el corazón. Con otras, somos amables, pero no damos nada de nosotros mismos, pues somos avaros con nuestra compasión. Y así podríamos ir mencionando cada pico que nos impide darlo todo. Si fuéramos sabios, nos romperíamos en amor por los demás.

¡Qué interesante la opinión de Gabriela! Somos selectivos en la compasión, y eso resta oportunidades a todos. Sobre el tema, la doctora Nancy Álvarez me comentó: «Ya sabemos desde hace muchos años que para triunfar en la vida moderna hay que tener una serie de aptitudes para trabajar en equipo. Esas actitudes son poder alegrarse de que otro logre algo, poder compartir conocimientos y sentimientos».

La psicóloga dominicana asegura que, si no tenemos destreza para llevarnos bien con los demás, será muy difícil que podamos trabajar en equipo. «Porque un equipo es eso. Puedes respetar a otro, puedes alegrarte de cosas que el otro tiene y tú, no. Quieres aprender de eso, estar bien al oír un comentario, una crítica positiva. Y tener en mente la meta, que es lograr lo que se te propuso con el equipo».

«Hay que saber comunicar y escuchar. Si estás a la defensiva, porque tienes miedo, porque crees que no vas a poder, porque sientes que eres menor que otros, no lo conseguirás. Quienes se sienten menos que los otros se convierten en arrogantes, porque quieren demostrarle a todo el mundo que son una maravilla. Los complejos de superioridad siempre están sobre la inseguridad y la inferioridad. Hay gente que se vuelve tímida, que no lucha, que no pelea... Y hay gente que se cree la última Coca-Cola del desierto, pero fría. Que en el fondo no se lo cree, pero se engaña a sí mismo con un complejo de superioridad de que es el mejor, pero nada de eso es bueno para trabajar en equipo».

También presento otras cartas que relacionan la experiencia de las piñatas con los respectivos futuros profesionales o de vida. ¡Todo muy interesante!

Mariela Olivero:

Disfruté mucho las piñatas, aunque miraba a mi alrededor para no lastimar a nadie con el palo, cuando era mi turno de derribarla. Mamá me vestía con largos y anchos vestidos, que abría al caer la piñata para recoger casi todo su contenido. Los demás niños iban a la mesa, a solicitarle a mi madre que les diera de lo mucho que agarré. Rápidamente, separaba lo que me gustaba de lo que no, por tipo, formas, colores, acabados, tamaños y diseño. Hoy me dedico a organizar casas, oficinas y consultorios. Disfruto mucho al depurar, y al incentivar a la gente a conservar solo aquello que realmente los llene de exquisito placer.

Romina, Argentina:

Un día de verano, las pequeñas Ana y María estaban en un festejo de cumpleaños. Llegado el momento de romper la piñata, todos los niños se dirigieron corriendo hacia el lugar donde esta se encontraba. Cuando la piñata explotó, Ana agarró un puñado de juguetes y caramelos. María, como quiso dejar pasar a los otros chicos primero, no pudo tomar nada entre sus manos. Al ver que María estaba triste por haberse quedado sin regalitos, Ana decidió darle parte de los que ella había agarrado.

Pasados los años, Ana fundó una ONG, cuyo objetivo era rescatar animales que vivían en la calle. En un momento, su gatita Jenny manifestó una afección, luego de que Ana tuviera un gran disgusto en su vida. Ningún profesional daba con el diagnóstico de lo que estaba padeciendo Jenny. Poco después, María, que era veterinaria, se acercó a la ONG para hacer una donación. Al verse, ambas se reconocieron y se alegraron del encuentro. Además, Ana le consultó por su gatita. María le dijo a Ana que solo cuando ella sanara su dolor, Jenny sanaría también. Transcurrido un tiempo, Ana sanó y, en consecuencia, también Jenny se sanó de su enfermedad.

Lo que ningún veterinario había podido conseguir fue logrado gracias a la enseñanza de María. Por otra parte, ella es una gran colaboradora de la ONG. El encuentro con María ayudó a Ana no solo a sanar el alma, sino que también le hizo comprobar que todo lo que uno da en la vida vuelve multiplicado: el gesto de compartir los regalitos de la piñata cuando era chica volvió en forma de ayuda hacia ella. Y, además, la ayuda sigue multiplicándose porque Ana así lo decidió: con su ONG, ella es solidaria con otros.

O la hermosa historia de Avelina, que la amiga Ana nos ha contado amablemente a través de un *e-mail*:

A la edad de seis años, la señora Avelina, una mujer humilde y muy trabajadora, me invitó a mi primera piñata. Ese primer sábado de abril, los niños expertos en piñatas metieron las manos por debajo de mis brazos y me lo quitaron todo. Acto seguido, lloré por lo que quedaba de fiesta de cumpleaños.

La semana comenzó y yo estaba traumatizada con el hecho de que no quería atravesar por ese camino en ninguna otra fiesta. Ese lunes por la tarde, estaba haciendo mis tareas en el comedor cuando, de manera repentina, sonó la puerta. Era la señora Avelina con una bolsa de esas que dan en las fiestas para los niños que no cogieron apenas nada en la piñata. Ese recuerdo lo atesoro en mi corazón como uno de los más hermosos. Ese ser de luz me enseñó el verdadero valor de compartir y preocuparse por los demás. Mostrar sensibilidad ante lo que otros padecen.

Mi madre me ha dicho que hoy la señora Avelina sufre un Alzheimer avanzado y no ha faltado gente que la ayude en esta lenta pero irreversible enfermedad. Ella está recogiendo la cosecha al cien por cien de las semillas que sembró. En mi caso, esas semillas cayeron en tierra fértil y trato, en lo posible, de aplicar esos valores en mi vida diaria. A fin de cuentas, la vida es una cadena de favores. Hoy ayudas y mañana te ayudan.

CAPÍTULO III

Dentro de la piñata

Nunca compitas con nadie. Solamente contigo mismo.

Bernardo Stamateas

Otras actitudes humanas en el espejo de la piñata

El gigantesco mamut atraviesa confiado la larga quebrada, en la oscuridad de la noche. Su enorme inocencia le impide presentir el peligro. En silencio, a la salida del estrecho pasadizo natural, le espera un pequeño grupo de neandertales agazapados detrás de rocas y arbustos, portando lanzas de madera y antorchas encendidas.

«Es el lugar perfecto para cazarlo», piensan. La carne del animal les mitigará el hambre, la piel los cobijará y los colmillos se convertirán en cuchillos, agujas y puntas de lanzas… El chamán clama la ayuda de los espíritus y tiende un velo de esperanza sobre el alma primitiva de los cazadores, en especial de los más decididos y optimistas.

Ya escuchan los alaridos de la bestia, algunos neandertales dudan y se preguntan: «¿Por qué enfrentar este monstruo si podemos cazar cerdos, renos y hasta inofensivos ciervos?». Los pesimistas del grupo están convencidos por igual de que no vale la pena tanto riesgo: «Es demasiado grande y fuerte para nosotros. ¡Nunca podremos atraparlo!», comentan entre sí.

El mamut se acerca, los que portan el fuego cierran la salida de la quebrada, observan estremecidos la llegada del inmenso mastodonte, que mueve amenazante la cabeza y su poderosa trompa en medio de la oscuridad. Aunque lo han esperado durante horas, cuando aparece, los neandertales se sorprenden, experimentan temor, pero también los ilumina un toque de ilusión y esperanza. Es un imponente ejemplar, joven y saludable, que aviva los deseos de comer carne fresca.

El mamut sabe de la peligrosidad de los hombres y no quiere enfrentarlos. Se detiene ante los que portan las antorchas encendidas, los mira con recelo y da unos pasos atrás. Ignora que desde allí precisamente vendrá el ataque mortal. La astucia de los humanos supera con creces su instinto animal.

Los neandertales más atrevidos lo embisten primero. Otros lo hacen después. Los temerosos, nunca. Caminan alrededor de la dantesca escena y presencian con pavor cómo las lanzas de madera castigan al joven mamut, que se defiende con la trompa y los colmillos, da vueltas en medio de la quebrada, levanta polvo, se eleva en dos patas, emite alaridos de rabia y dolor que recorren la noche, pero no logra contener los golpes de las lanzas. El hombre se ensaña con la gigantesca criatura, que no resiste más. Las patas de la bestia flaquean, se abren y cae entre la polvareda. Apenas toca el suelo, guiados por el instinto más primitivo de los seres humanos, los neandertales se lanzan sobre el animal y comienzan el nocturno festín.

La mayoría come a reventar, guarda parte del botín y da riendas sueltas a su alegría; otros se frustran porque no alcanzan el pedazo que desean: «Los dos colmillos no bastan para todas las necesidades, la piel tampoco es suficiente, pasaremos frío», se quejan.

Ya tienen su piñata, su trofeo de caza, pero la envidia corroe el espíritu de algunos. Los egoístas esconden lo que obtienen, los altruistas comparten lo suyo con quienes conquistaron menos y los individualistas no solidarios no comprenden a los altruistas. El mamut despierta actitudes diferentes en el grupo neandertal.

Hechos como este fueron comunes en Europa o Asia occidental hace más de 28.000 años. Sin embargo, las actitudes que provocaron se mantienen aún intactas a pesar del tiempo. El ser humano se desarrolla, cambia su visión del mundo, se enrola en una revolución tecnológica impensada, logra conocerse a sí mismo como nunca antes, pero las actitudes de aquellas cacerías siguen formando parte de su existencia, como retoños inseparables de la vida misma.

La actitud es la manera de actuar, el proceder de una persona ante un hecho determinado. Así ha sido siempre y, por esa razón, a lo largo de la historia, no pocos han sentido la necesidad de escudriñarla con el propósito de descubrir sus causas y consecuencias.

José María Huerta Paredes, doctor en psicología y autor del libro *Actitudes humanas, actitudes sociales*, las define como «las predisposiciones a responder de una determinada manera con reacciones favorables o desfavorables hacia algo». Asegura que están integradas por las opiniones o creencias, los sentimientos y las conductas, que a su vez se interrelacionan entre sí.

Agrega el doctor Huerta Paredes: «Existen actitudes personales relacionadas únicamente con el individuo y actitudes sociales que inciden sobre un grupo de personas. A lo largo de la vida, las personas adquieren experiencias y forman una red u organización de creencias características, entendiendo por creencias la predisposición a la acción [...] las actitudes están prediciendo las conductas y, si se desea cambiar una conducta, es necesario cambiar la actitud».

Hay muchas definiciones más, todas interesantes y acertadas, entre ellas la de Salomón Asch, un importante psicólogo nacido en Polonia, con residencia en Estados Unidos. Asch afirma que «las actitudes son disposiciones duraderas formadas por la experiencia anterior». Interesante su planteamiento, pues relaciona correctamente las actitudes con la experiencia del ser humano.

He citado solo dos definiciones actuales que reflejan el extraordinario interés que durante siglos ha mostrado el hombre por desentrañar el misterio de las actitudes humanas. ¡Tan poderosas son y tanto influyen a nivel personal y social! Dos de estas actitudes han acaparado la mayor atención: el altruismo y el egoísmo. Ellas conforman un antagónico dúo, que define procederes humanos básicos ante la vida. Las vemos manifestarse, indudablemente, frente al hecho de la piñata.

En un *e-mail*, la amiga Claudia me cuenta su punto de vista sobre la competitividad y las piñatas:

Siempre he recordado con rabia, tristeza y frustración mi experiencia en una piñata. Recuerdo con más claridad un cumpleaños en el que no conocía a mucha gente. Llegó la piñata y todos los niños corrieron, pero me quedé atrás y no logré recoger casi nada. Tenía tanta rabia que dije que ya no quería estar más allí. En todo el camino de regreso creo que medio lloré, porque no era de mucho mostrarme llorando. Nunca me gustaron las fiestas y, en cierta forma, eso le gustaba a mi familia. En la universidad fue donde aprendí a disfrutar un poco.

Las piñatas, para mí, fueron el inicio del mundo competitivo. Me mostraron que siempre las personas más «vivas» o avispadas y alegres suelen llevarse la mejor parte. Las piñatas se parecen a la vida en el sentido en que llegas a pensar que no tienen muchas cosas buenas. Pero siempre estás a la expectativa de qué puede funcionar y, en algún momento, obtener más que otros.

Por su parte, la argentina María Cristina, que se describe como muy observadora, describe las reacciones infantiles frente a la piñata y la relación de estas con la competitividad en las sociedades actuales:

Observé que no todos actúan de igual manera, aunque sí genera mucha adrenalina y ansiedad por llevarse el «premio».

a) Aquellos que se posicionan bien debajo de la piñata, llegando allí a «cualquier precio», sin importar mucho empujar o correr a los más pequeños.

b) Los que juntan mucho y comparten con el que se quedó más lejos y no recibió nada.

b) Los que esperan la oportunidad en su lugar (tal vez más alejado), pero en el momento preciso «accionan» y llegan a conseguir algo del «botín».

c) Los vergonzosos que quieren algo de la piñata, pero no se atreven a ser parte de tal barullo.

d) Los adultos que desde el lugar dan directivas sobre cuál es el mejor punto para obtener el preciado «dulce».

De acuerdo con María Cristina, el momento de la piñata muestra características de la personalidad de cada uno de nosotros, e incluso los ambientes en que son criados los niños:

> A veces son estimulados sobremanera en la competitividad, en ganar a toda costa, como si fuera muy decisivo. La vida está llena de sorpresas, como en una piñata. Hay cosas que no vemos, y, si no nos acercamos lo suficiente, no podremos verlas ni mucho menos alcanzarlas. Pero este acercamiento nunca debe perjudicar a otros. No pises cabezas para llegar a tu objetivo, para tener además paz en el alma. Otro punto para mí importante es estar atentos a las oportunidades. Nunca se sabe adónde va a ser dirigido el contenido de la piñata de la vida. También saber compartir con otros lo que recibimos, así como alentar, ayudar a que otros puedan llegar, y a lo mejor no saben cómo hacerlo.

Somos imperfectos, tendremos otra oportunidad

En la narración de apertura de este capítulo, recreo brevemente la caza de un mamut por hombres neandertales. Digo que «la envidia corroe el alma de algunos de los cazadores frustrados». No es casualidad que un sentimiento tan dañino como la envidia se ensañe con los frustrados, con los que «no alcanzan el pedazo que desean». Este sentimiento, que genera tantas actitudes deplorables, lleva por obligación el rostro del fracaso.

La amiga Nirvana considera que las piñatas guardan sorpresas, pero también decepciones. Me explica en su carta que su madre colgaba una para varones y otra para niñas, para evitar que estas últimas salieran con la bolsa llena de soldados y carritos, productos que no les interesaban nada. Si esto sucedía, entonces procedían a «intercambiar y negociar» con otros niños:

En las piñatas ya empieza a verse la lucha de los seres humanos por la sobrevivencia. Siempre habrá algunos más vivos, que no querrán dejar para nadie, mientras otros se quedan atrás, paralizados en el pánico. Llanto, sonrisa y hasta burla. Los niños son crueles. Mucho.

La piñata es colorida, es un objeto feliz cuyo relleno está repleto de cosas. Está en tu criterio, que desde niño ya empiezas a formar, escoger cuáles de esas cosas desecharás, negociarás, intercambiarás... Y, sobre todo, con cuáles te quedarás. Los recuerdos de las piñatas son para toda la vida.

Hay momentos en la vida en que todos podemos ser víctimas de la desilusión, en especial cuando nuestros esfuerzos no logran los resultados anhelados. Pero, en situaciones como esas, lo ideal es recordar que somos imperfectos y que siempre tendremos otra oportunidad. Nada más dañino que echarle la culpa de la frustración propia a los demás, y negar o envidiar sus éxitos. Si actuamos de esa manera, nos situamos dentro del atroz grupo de malvados que define Arthur Schopenhauer.

Es tan profundo el sustrato dañino de la envidia que forma parte de los llamados siete pecados capitales de la cristiandad y, por ende, está representada en una de las siete puntas de las piñatas tradicionales, las cuales se destruyen a golpe de palos, invocando la fuerza de Dios. Los romanos antiguos representaban la envidia como una serpiente marina o una anguila, porque, decían, envidiaban la esbeltez de los delfines.

Más que una actitud, la envidia es un sentimiento o estado mental que provoca profundo dolor e infelicidad. Un sentimiento como el amor puede causar envidia. No se ensaña solo en los bienes materiales ajenos, sino también en los espirituales. Santo Tomás de Aquino la reduce a «la tristeza del bien de otro». No tiene en cuenta si es un bien material o espiritual.

La envidia en la literatura

La literatura universal ha gestado obras maestras en las que la envidia juega papeles protagónicos. ¡Tan grande es su maldad como el interés que despierta! Me viene a la mente el clásico *La divina comedia*, de Dante Alighieri. En uno de los libros de esa trilogía, *El Purgatorio*, el autor busca un duro castigo para los envidiosos: se les cosen los ojos, porque «en sus vidas habían sentido el placer de ver cómo otros caían».

El español Miguel de Unamuno escribió una obra clásica cuyo centro es la envidia. Titulada *Abel Sánchez*, dimensiona la envidia, y más que en una actitud personal, la convierte en social, con todo lo nocivo que de ella se pueda desprender. Es tan fuerte y dominante la envidia, que no escasean en la historia de la humanidad hombres de inmenso talento que, más que por su talento, la posteridad los marca por su envidia. Antonio Salieri es más conocido por la envidia que lo consumía cuando escuchaba a Mozart que por su propia obra, que, para ser justos, es excelente. Le sobra razón a Leonardo da Vinci cuando afirma: «En cuanto nace la virtud, nace contra ella la envidia».

La envidia acompaña al ser humano desde los mismos comienzos de la civilización. La Biblia cuenta que Caín mató a su hermano Abel por envidia, porque Dios aceptó la ofrenda de Abel y no la que él le ofreció. A José lo venden por envidia, porque era el hijo predilecto de sus padres; y a Jesús lo matan por envidia. Pero este mal, además de hacer daño e intentar destruir a los demás, también es un sentimiento que acarrea actitudes autodestructivas.

Una leyenda anónima narra la historia de un gorrión que escucha con envidia el canto de un ruiseñor. «¿Por qué no puedo cantar así?», se pregunta el gorrión lleno de envidia. «¿Por qué solo emito feos chasquidos?». No soportando el hermoso trino del ruiseñor, la envidiosa ave busca por la sabana las «semillas del silencio». Según le han dicho, fueron comidas por sus antepasados y por eso los gorriones no pueden cantar.

«Cuando las coma, el ruiseñor no cantará jamás», se vanagloria el gorrión. «En tanto, yo trataré de cantar e imitaré al ruiseñor. Ya verán cómo mis trinos serán más largos y más musicales». El gorrión regó las semillas por donde canta el ruiseñor y trató de imitar el sonido del ave cantora. Lo intentó una y otra vez, pero no pudo. Su garganta se dañó y enmudeció por completo. Con espanto, el gorrión envidioso se da cuenta de que ni siquiera puede ya emitir su simple chasquido. Para mayor frustración, observa cómo el ruiseñor prueba una de las semillas, pero inmediatamente la expulsa de su pico.

«No cantaré más donde existen semillas tan desagradables», decide el ruiseñor e inmediatamente se marcha hacia otro lugar en la extensa sabana. El pájaro mudo lo observa alejarse. La bandada de gorriones se lamenta porque ya no podrá disfrutar más del canto del ruiseñor. No comprende por qué se ha marchado. El gorrión mudo envidia ahora los feos pero alegres chasquidos de sus compañeros.

Decía François de La Rochefoucauld que «el primero de los bienes, después de la salud, es la paz interior». ¡Cuánta verdad! La envidia tiene como contrapartida a la satisfacción personal. Esa paz interior que nos colma de optimismo, de deseos de seguir luchando y de felicidad. La satisfacción personal es la reacción natural que sigue al éxito o, al menos, al esfuerzo invertido para alcanzarlo. Ningún envidioso puede ser feliz, porque nunca se sentirá una persona exitosa. Entiéndase el éxito como la capacidad de compartir logros que añaden valor a otros. Y esto es solo el éxito en lo social, porque el verdadero éxito está en el despertar de conciencia interior y colectiva, desde la compasión, el amor y la hermandad de ser todos parte del todo.

El arte refleja la actitud ante la vida del artista, aunque muchas veces no se lo propongan. No pocas obras maestras lo son. No por el acabado de su forma, sino por la certera profundidad de los sentimientos que genera en aquellos que las disfrutan y en las actitudes humanas que de ellas emana.

Beethoven o Salieri

Retomo la música, en esta ocasión a Beethoven, y pregunto: «¿Qué puede envidiar más en la vida un músico sordo?». La respuesta salta a la vista: «el oído», el poder de escucha que tienen los demás y del cual él carece, impidiéndole disfrutar hasta de su propia obra. A un genio como Beethoven se le admira, además de por su inmensa obra, por la voluntad de hacer música a pesar de su sordera. ¡Cuánta satisfacción personal debió de sentir cuando «observaba» los aplausos!

Si a Beethoven lo hubiera consumido la envidia por los demás músicos de su época, que tenían la posibilidad de escuchar sus obras y estaban en mejores condiciones físicas para componer, nunca hubiera llegado a ser lo que es. A pesar de su fama de cascarrabias, Beethoven cultivó su mente para adoptar actitudes capaces de conquistar realidades, solucionar problemas, alcanzar metas y materializar sueños. Nunca dio cabida a la envidia. Al contrario, él fue fuente de envidia en otros, a pesar de su carácter huraño y su limitación física.

La envidia taladra la personalidad de Saliere; mientras que la actitud más positiva, de la que emanan la voluntad y el deseo de crear, engendra la obra de Beethoven. Salieri, a pesar de su innegable talento, tuvo alma de gorrión envidioso; Beethoven, por encima de su sordera, fue dominado por el espíritu del ruiseñor. El verdadero talento, aunque la puede generar en otros, nunca engendra la envidia por sí mismo. Solo brotan de él la admiración por los demás y la satisfacción personal, algo muy llamativo en Beethoven y muy de alabar, por cuanto padeció de sordera, tuvo mala fortuna en el amor y, según cuentan, sufrió abusos de pequeño.

Lo peculiar es que Beethoven, un ser humano con tantos factores en contra, fuera capaz de crear una obra bella, profunda e inmensa, que genera los más positivos y hermosos sentimientos e insta a las más nobles acciones. Únicamente una persona con actitud muy positiva ante la vida puede transmitir y crear, a la vez, tantos y tan nobles sentimientos, salidos de la más encomiable actitud que puede generar un ser humano.

En la piñata de Beethoven habitaban premios y problemas, pero él supo labrarse un resultado y no victimizarse con sus dificultades. Cuánto optimismo, bondad y altruismo pudo encerrar Beethoven en su atormentada alma al crear una obra emblemática, que transmite tantas emociones y sentimientos positivos como la *Oda a la alegría*, la coral de su *Novena sinfonía*. Solo un hombre extraordinario, capaz de amar sin límites a los demás, en el que la envidia no tiene cabida, es apto para legar semejante regalo a los oídos del mundo, a pesar de ser incapaz de escuchar.

Dígase lo que se diga, yo me atrevo a afirmar que Beethoven, muy por encima de sus limitaciones y de su azarosa vida, disfrutaba de una inmensa satisfacción personal. Y que en lo más profundo de su ser era una persona alegre, porque la alegría genera alegría. La letra de la coral la toma de Friedrich Schiller, el gran poeta y dramaturgo alemán. Beethoven adapta el poema, pero mantiene intacto su espíritu. La destreza poética de Schiller y el genio musical de Beethoven elevan la alegría, ese sentimiento que tantas actitudes positivas forja, hasta los más altos pilares del talento humano.

La verdadera paz

La alegría es uno de los resultados naturales de la paz interior. Es patrimonio de los que luchan por sus objetivos, de los seres exitosos que mantienen una actitud cargada de confianza y optimismo ante la vida. Los ajenos a la envidia son felices, porque viven con la convicción de que han actuado de la manera correcta en el momento preciso, conscientes de que la solución a sus problemas depende de ellos mismos, y de nadie más. La paz interior es el primer paso, imprescindible, para conquistar la alegría. La vida no está exenta de problemas. De hecho, consiste en eventos a los que clasificamos como problemas, sorpresas, tragedias, pérdidas, ganancias. Al final, si un problema tiene solución en tus manos, ¿para qué te preocupas? Mejor ocúpate en resolverlo. Y si, por el contrario, la solución o soluciones no están en nuestras manos, en vez de preocuparnos podemos ocuparnos en gestionar su resolución a través de quienes puedan hacerlo mejor.

El líder independentista indio Mahatma Gandhi, hombre de profunda espiritualidad, dijo: «Si no alcanzamos la paz dentro de nosotros mismos, siempre estaremos en guerra con los demás». Gandhi ilustra una máxima del budismo que reza: «La verdadera paz comienza dentro de nosotros mismos». ¿Por qué? Porque la armonía interior nos permite interactuar en conformidad con nuestros semejantes y aceptar aquellas cosas que no podemos cambiar en ellos. Por lo tanto, somos felices ellos y nosotros, nada conspira contra la alegría de vivir.

Por lo general, quienes disfrutan de ese confort son personas optimistas. Cuando vivimos poseídos por el optimismo, todo lo que nos proponemos yace a la sombra de lo posible, si estamos convencidos de lo que aspiramos y salimos a buscarlo con esfuerzo e inteligencia. Al decir de José Saramago, «los únicos interesados en cambiar el mundo son los pesimistas, porque los optimistas están encantados con lo que hay».

La actitud mental positiva y optimista, por sí sola, no es un imán del éxito y la felicidad, pero sí una forma de enfrentar la vida para hacer realidad los sueños. La alegría y la paz interior están muy estrechamente relacionadas con esta manera de ver el mundo.

La actitud de un ser humano es la que guía su forma de actuar, el elemento que define su conducta. Por lo tanto, cuando la ungimos de mentalidad positiva, nos convertimos en personas optimistas, confiadas, seguras de nuestros propósitos, sin temores, convencidas de que cualquier obstáculo que nos imponga la existencia puede ser abatido. Como dijo Thomas Jefferson: «Nada en esta vida nos puede detener, porque ya poseemos la correcta actitud mental para lograr la meta». **El optimismo no es más que la convicción subjetiva de que todo nos saldrá bien, que la vida nos será favorable.**

En el libro *Un camino hacia el éxito*, de Napoleón Hill y W. Clement Stones, se narra la historia del hijo de un aparcero de Luisiana, quien, desde los cinco años, aprende a arrear mulos. Al igual que muchos, el muchacho vive convencido de que siempre será pobre por voluntad de Dios. Así se lo hace saber a su madre. La mujer, que piensa diferente, rebate sus palabras: «Somos pobres no por culpa de Dios, somos pobres porque tu padre nunca tuvo el deseo de ser rico. Nadie en esta familia ha tenido el deseo de ser otra cosa».

El joven aparcero entiende a su madre y desde ese momento siente el deseo de ser otra cosa, lo intenta y lo logra. El solo hecho de proponerse un cambio en la manera de enfrentar la vida lo libra de la decente, pero dura, vida de aparcero. Rompe con la actitud mental conformista y negativa que hasta ese momento sumergió en la pobreza a su familia.

Optimismo liberador

Mantener una actitud optimista ante la vida no nos libera automáticamente de los problemas, pero nos prepara para enfrentarlos y vencerlos mejor. Permite que desarrollemos a tope todas nuestras capacidades, tanto físicas como intelectuales; nos hace más hábiles y vigorosos. Gracias al optimismo convertimos momentos negativos en positivos, pues nos motivamos social y personalmente. No es un imán, repito, que por sí solo atrae al éxito y a la felicidad, pero es una fuerza motriz interna que nos impele hacia esos objetivos.

Aunque el optimismo es una actitud positiva, no son muchos los escritores y teóricos que han apostado por él. Las propias contradicciones del ser humano, las diferencias políticas, económicas y religiosas en la sociedad actual, frenan en no pocas ocasiones la adopción de una posición optimista ante la realidad.

Algunos confunden optimismo con esperanza, pero no son iguales. El rabino Maurice Lamm, escritor y teólogo judío, tiene su propia versión de esperanza, muy relacionada con la historia y los infortunios de su pueblo. La cataloga como «el puro deseo de vivir ante la desesperación, imaginando un futuro mejor, con éxito, y el fin del sufrimiento».[21] Se apoya en su pueblo a la hora de formular esta definición, por cuanto, según expresa, gracias a la esperanza logró sobrevivir a holocaustos y otros momentos en extremo difíciles. También coincido con esta definición porque, efectivamente, en muchos momentos de mi vida esa certeza me ha llevado a cabalgar montaña arriba, montaña abajo, aun en medio de la noche, casi a ciegas, pero con la esperanza del amanecer sorprendiéndome en el rumbo o la dirección deseada.

La esperanza es una de las llamadas tres virtudes divinas, junto a la fe y la caridad. La Biblia le dedica muy profundos y aleccionadores versículos. Proverbios 24.14 (LBLA*): «Sabe que así es la sabiduría para tu alma; si la hallas, entonces habrá un futuro, y tu esperanza no será cortada»; Jeremías 29.11 (RVR1960): «Porque yo sé los pensamientos que tengo acerca de vosotros, dice Jehová, pensamientos de paz, y no para mal, para daros un futuro y una esperanza»; Romanos 15.4 (LBLA): «Porque todo lo que fue escrito en tiempos pasados, para nuestra enseñanza se escribió, a fin de que por medio de la paciencia y del consuelo de las Escrituras tengamos esperanza».

Todos esperanzados

Durante uno de mis viajes a México, interesado en adentrarme en el mundo formal y conceptual de las piñatas, escuché muchas anécdotas —unas más fantasiosas que otras—, pero todas amenas e instructivas. Un viejo sabio me dijo que las piñatas podían compararse con la tristemente célebre caja de Pandora.

«La madre de las piñatas es la caja de Pandora», dice. Verdaderamente, me puso a pensar. No vi similitud entre la piñata, que es un motivo de alegría de celebraciones religiosas o populares, y la temida Caja de Pandora. Sin embargo, como de costumbre, me dispuse a escuchar su teoría.

—¿Ha oído hablar usted de la caja de Pandora? —soltó la pregunta como una ráfaga de palabras.

—Sí, fue una obra de Zeus, el dios griego —respondí.

—Tiene razón, Zeus se propuso castigar a Prometeo por robar el fuego y compartirlo con los humanos. Por esa razón, hizo que un hermano de Prometeo se casara con Pandora, una bella joven, a quien, como regalo de bodas, le obsequió una tinaja ovalada, bien cerrada, con órdenes de no abrirla nunca... Pero Zeus sabía que Pandora era muy curiosa.

La última frase la pronunció con picardía.

—No era una caja, era una tinaja —reafirmó—. Así es, aunque todos le llaman «la caja», en realidad era una tinaja muy parecida a las antiguas piñatas de barro mexicanas —me explicó.

«La comparación quizás no es tan descabellada», pensé.

—Pandora, muy curiosa, destapó la tinaja o la caja, como quieran llamarla. Ella desconocía que Zeus, como castigo, había encerrado allí todos los males del universo. Al abrirla, por supuesto, se liberaron todos los males —siguió contando el amigo mexicano. En este punto, lo detuve.

—Pero de una piñata no sale ningún mal.

—Tiene razón —respondió—, pero todas encierran esperanza, como la caja de Pandora.

Me cercioré de por qué decía que la «malévola» caja era la madre de las piñatas. Cuando Pandora se dio cuenta de su error, cerró la tinaja, pero ya todos los males habían salido al exterior. Sin embargo, Zeus, para que los humanos no se sintieran destruidos ante tantas desgracias sueltas, también había encerrado la esperanza. Cuando Pandora la cerró, la esperanza no pudo salir, quedó atrapada en el interior.

—Por tanto, la caja de Pandora ahora es dominada por la esperanza, la misma que nos domina cuando se rompe la piñata. Todos nos sentimos esperanzados —afirmó el viejo sabio—. Algunos atrapamos muchos regalos, pero otros, ninguno. Es posible que lo atrapado no sea lo deseado, puede que salgamos con las manos vacías, pero, a todos, la piñata nos embriaga con la esperanza que guarda dentro», terminó diciendo.

Es cierto. Una piñata crea esperanzas, «una certeza espiritual y subjetiva» en todos los que participan en su apertura. Cada cual espera alcanzar lo que se propone, al igual que sucedía con el mamut ante la horda de hambrientos neandertales. Por supuesto, respetando propósitos y distancia en el tiempo.

Diferencia entre ilusión y esperanza

Una piñata ilusiona, a la vez que crea esperanza. La ilusión se diferencia de la esperanza, aunque el matiz es pequeño. Una ilusión es una expectativa sobre la base de un deseo, un gusto, una forma de pensar y hasta una necesidad. Basada en perspectivas muchas veces irreales, se alimenta de una posibilidad incluso remota.

La esperanza también es una expectativa, pero con mayores posibilidades de que se convierta en realidad. O sea, más real. Para Lamm, es el puro deseo de su pueblo «de vivir ante la desesperación».

Tanto la esperanza como la ilusión motivan a los seres humanos y generan actitudes ante la vida. Una piñata, más que ilusión, crea esperanzas, porque es una expectativa real, como el mamut de la narración. Sin embargo, la ilusión es poderosa, crea una fuerza interna que muchas veces provoca que sigamos luchando por un objetivo en la vida, que puede ser material o espiritual.

Una obra universal como *Las ilusiones perdidas*, de Balzac, narra la historia de un joven de provincias, Lucien de Rubempré o Lucien Chardon. Él viaja a París en busca de la gloria literaria, pero sus ilusiones y esperanzas desaparecen al sufrir la crudeza del mundo editorial y las dificultades para conseguir una oportunidad. Todo ese ambiente cruel, unido a su orgullo y debilidad por la vida lujosa, le provocan el fracaso y se desvanecen sus esperanzas e ilusiones. Muchas veces, cuando se da un paso como el de Lucien de Rubempré —aunque no es su caso—, las ilusiones y las esperanzas van acompañadas del manto de la duda. «Tengo la esperanza de lograrlo, ¿pero podré?», es la típica pregunta en estas situaciones.

Lo correcto es ofrecer alas a la esperanza. No hace mucho leí una información en un importante diario cuyo título era «Entre la esperanza y la duda». Se refería a que ambos sentimientos invaden a la vez a la población de un país latinoamericano, porque su gobierno establece nuevas medidas económicas esperadas desde hace tiempo por todos. Observamos una mezcla de esperanza y duda, pero tal combinación no puede permanecer mucho tiempo.

Despeja la duda

Para aclarar definitivamente el camino, y que triunfe la esperanza, la duda ha de ser despejada. ¿Cómo damos alas a la esperanza? ¡Despejando la duda! La duda, si provoca una actitud positiva de búsqueda e intentamos desentrañarla, desempeña un papel positivo. Es nociva cuando nos detiene, aunque sea por instantes. A veces, un instante define una gran oportunidad en la vida. La duda es un sentimiento humano y, como tal, debemos gestionarla y ponerla en función de nuestro beneficio. Si nos deja inertes, es mala, pero, si logramos actuar apoyándonos en ella, se revierte en provechos.

En mi libro *El poder de escuchar*, narro que en una ocasión decidí someterme a un concurso de admisión con el propósito de convertirme en animador turístico. Yo no me visualizaba como un animador turístico en una playa cubana entreteniendo a turistas. En aquel entonces era un hombre tímido y muy mal bailador, aunque esto último poco ha cambiado. Tal manera de ser provocó en mí la duda de si tenía posibilidades de salir airoso del trámite. Además me pregunté incisivamente si tenía las cualidades que se necesitan para trabajar como animador turístico.

Confieso que las dudas me acosaron, sobre todo en la noche, antes de dormir. Y mucho más en la medida en que se acercaba el concurso. Admito que sentí miedo y llegué a padecer ataques de pánico. Pero imagina que, después de prepararme para el concurso durante varias semanas, vencido por la duda, no me hubiera presentado. Fueron semanas intensas. No me retiré ni me dejé vencer por la duda. Llegué a la convicción de que lo más importante e interesante para mí era ponerme a prueba y despejar la duda. Era tanta la incertidumbre que llegó el momento en que ya quería saber si de verdad servía o no como animador turístico.

El día señalado para el concurso me dije: «Por fin voy a saberlo. No puedo seguir angustiado, porque, si hay algo que angustia en la vida, es dudar eternamente ante un mismo problema». En resumen, aprobé el concurso con magníficos resultados, pero el mejor de todos fue que me enfrenté, me despojé de la duda y le saqué provecho. En esta ocasión, la duda me fue útil, me instó a conocer, a explorarme a mí mismo, a arriesgarme.

Si la duda nos impulsa a despejarla en aras del conocimiento, nos convierte en seres competitivos, que nos enfrentamos a la vida dispuestos a sobrepasar cualquier obstáculo que nos imponga. Sin embargo, cuando nos dejamos arrastrar por la duda, nos inmovilizamos, y podemos, incluso, llenarnos de temor y no luchar siquiera por lo más elemental. Esta es una actitud nefasta en estos días, cuando la vida es competitividad.

Es un buen momento para hacerte dudar en esta lectura. Pregúntate y escribe las respuestas. ¿Qué tanto dudas? ¿Qué efecto tiene la duda en tu capacidad de liderazgo? ¿Es la duda responsable de llevarte a vivir en modo piñata o, por el contrario, te hace cuestionar, avanzar y no dejarte llevar por la corriente del pensamiento popular?

La duda y la competitividad

La competitividad no solo debe ser privativa de empresas y naciones, o de mercaderes, comerciantes, políticos y estadistas, sino que debe formar parte de la vida de cada uno de nosotros. Somos seres independientes, obligados a demostrar diariamente nuestro talento e iniciativas.

¿Qué actitudes afectan nuestra competitividad como seres humanos individuales? La duda que domina y no impele al conocimiento, en una sociedad cada vez más compleja, globalizada y tecnificada; la envidia, por cuanto dirige de manera maliciosa nuestra mirada a los logros de otros, y no a los nuestros; el temor, porque inmoviliza, nos convierte en simples observadores, como los que merodean por los alrededores del mamut mientras sus congéneres lo cazan. O por los contornos de una piñata, cuando los decididos se lanzan impulsados por la competitividad y la esperanza, una combinación exitosa por naturaleza. Tampoco tienen fuerzas para competir quienes rechazan los cambios y se dejan deslumbrar por un pasado que no volverá; así como los pesimistas, que en vez de soluciones solo ven problemas. Los líderes no recitan problemas, solo gestionan soluciones. Los líderes no se quedan colgando de un hilo, a la espera de que una fuerza externa los mueva, sacuda o quiebre. Los líderes entienden que la felicidad es parte del camino de la autorrealización del ser.

Aldous Huxley decía que «el bien de la humanidad debe consistir en que cada uno goce al máximo de la felicidad que pueda, sin disminuir la de los demás», una sentencia que aparece en el *Diccionario de sabiduría*. La duda y la competitividad se manifiestan en dos dimensiones: la individual y la colectiva. Tales conceptos han acaparado —y a la vez han dividido— los puntos de vista de políticos, filósofos y economistas durante siglos. Las dos actitudes humanas que más se han politizado son, sin dudas, el colectivismo y el individualismo.

Individualismo altruista y solidario

En el Renacimiento, movimiento cultural europeo que gira su atención hacia la cultura grecorromana, la individualidad del ser humano alcanza su máxima elevación. Queda atrás el régimen feudal, el hombre adopta una actitud antropocéntrica, se reconoce como dueño de su destino y la capacidad individual alcanza los primeros planos. Al Renacimiento lo domina una filosofía humanista, en la que Dios y la Iglesia ceden su prioridad al hombre. Surge el llamado «hombre renacentista», que agrupa, si no todas, una buena parte de las ramas del saber y el crear. Es la época de Leonardo da Vinci, Miguel Ángel, Rafael...

El Renacimiento marca la individualidad del ser humano, su grandeza. Establecerá pautas que otros grandes hombres, ya no renacentistas, no podrán soslayar. Me viene a la mente *Robinson Crusoe*, considerada la primera novela inglesa, escrita por Daniel Defoe (1660–1731), que trata sobre las aventuras de un marinero que vive solo, casi tres décadas, en una isla deshabitada en las costas de América. La capacidad de Crusoe para vencer la soledad y salir adelante es el prototipo de la fuerza y la voluntad individual. Patentiza la tesis de que inteligencia es la capacidad de adaptarnos a lo nuevo, a lo distinto.

Martin Buber (1878–1965), filósofo y escritor judío, austriaco-israelí, enuncia en su teoría del «entre», contenida en su libro *¿Qué es el hombre?*: «El hecho fundamental de la existencia humana no es el individuo en cuanto tal ni la colectividad en cuanto tal. Ambas cosas consideradas en sí mismas, no pasan por ser formidables abstracciones. El hecho fundamental de la existencia humana es el hombre en cuanto hombre [...] en él ocurre entre ser y ser algo que no encuentra semejanza en ningún otro rincón de la naturaleza [...] únicamente en la relación, podemos reconocer inmediatamente la esencia peculiar del hombre». Lo esencial, en última instancia, según Buber, es la relación entre los seres humanos, tal y como lo interpreta Isidro Rodríguez, [22] de la Universidad de Valencia.

En conclusión

He intentado realizar un breve recorrido a través de la forma en que el hombre ha valorado las actitudes a lo largo de la historia. Los puntos de vistas difieren. Cada cual analiza estas maneras de actuar según cómo enfrenta la vida, pero las actitudes que dominaban a los neandertales al cazar al mamut en nada han cambiado, aunque los escenarios sean diferentes. Siguen siendo parte de nuestra existencia como retoños de la vida.

La gigantesca piñata con siete picos cuelga en el centro de la plaza, en medio de una noche festiva e iluminada. A su alrededor se aglomera una pequeña multitud dispuesta a iniciar la divertida ceremonia. «La noche es perfecta para una piñata», piensan. Un velo de ilusión y esperanza se tiende sobre las almas del grupo, que espera impaciente el momento. Los más decididos y optimistas ya están dispuestos a tomar con sus manos el largo palo para iniciar el ritual que destruya las siete malvadas puntas.

Otros dudan y se preguntan: «¿Para qué meterme en este bullicio? Me pueden empujar y hasta fastidiarme la ropa. Además, puedo comprar caramelos». Los pesimistas están convencidos de que no vale la pena tanta algazara por algunos caramelos o chocolatines. «¡En definitiva, no voy a agarrar nada!», comentan.

Llega el momento. Aunque lo han esperado, el grupo se sorprende, se llena de expectativas. La ilusión y la esperanza se adueñan de la mayoría. Ellos comienzan a golpearla y tal parece que la piñata se defiende, se mueve de un lado a otro como tratando de esquivar las embestidas. Gira en torno a la cuerda que la sostiene, pero los palos se suceden unos tras otros, con más fuerza. Al rato, la piñata no resiste más, no puede con la carga y con el impulso de los endemoniados palos. Se abre y deja caer todo su contenido de esperanzas sobre las cabezas de aquellos que la han apaleado.

El grupo, movido por los instintos más naturales del ser humano, se lanza al suelo en busca del botín. Los más atrevidos encabezan la «cacería», los menos, van después. Los tímidos prefieren caminar por los alrededores y presenciar lo que acontece, entre sonrisas o indiferencia.

Algunos salen del torbellino con las manos llenas y dan riendas sueltas a su alegría; otros se frustran porque no alcanzan lo que desean. «Me llené los bolsillos de caramelos, pero no de chocolates», se quejan algunos. Cierta envidia corroe el espíritu de quienes no lograron agarrar mucho. Los más pícaros o egoístas esconden lo que obtienen, los altruistas comparten lo suyo con quienes conquistaron menos. Los individualistas no solidarios, en cambio, no comprenden a los altruistas. La piñata despierta actitudes diferentes en el grupo. Como la vida misma.

CAPÍTULO IV

SÉ CREATIVO, EMOCIÓNATE, ROMPE PARADIGMAS

Cada cual tiene la edad de sus emociones.

ATRIBUIDO A ANATOLE FRANCE

MOTIVAR EL TALENTO Y LA PASIÓN POR LA VIDA

A veces olvidamos que nuestras decisiones están condicionadas por las emociones. La conexión entre razón y emoción es más decisiva de lo que nos planteamos. Los sentimientos, en muchas ocasiones, se encargan de tomar las medidas necesarias ante una situación personal o profesional. Precisamente por ello, un líder, o cualquier persona que desee comprender lo que sucede dentro y fuera de la piñata, tiene que ser capaz de dominarlas con inteligencia emocional.

Desde niños nos han condicionado con la supuesta preeminencia del coeficiente intelectual. Sin embargo, hemos desatendido el gran concepto acuñado por Daniel Goleman: la inteligencia emocional.

La amiga Gloria, que escribe desde Dallas, en Estados Unidos, comparte sus opiniones sobre las implicaciones emocionales, desde la metáfora de la piñata:

> La vida es como una piñata que recibe golpes. A veces es difícil, a veces no tanto. Son golpes que parecen llegar por la izquierda, por la derecha, por la parte superior y por la parte inferior. Lo que importa es lo que tomamos de esos golpes, lo que aprendemos. Caemos, nos levantamos, a veces nos recuperamos. Sin embargo, somos golpeados de nuevo y seguimos siendo fuertes, hasta que explotamos desde dentro.
>
> O nos hacemos cargo y cambiamos nuestro pensamiento, nuestros puntos de vista. Vemos el vaso medio lleno, en lugar de medio vacío. Simplemente, nos abrimos y dejamos que brille nuestra belleza interior, que compartimos con los demás.

Hay una gran diferencia entre ser inteligente y ser listo. El primero obtiene grandes calificaciones en sus estudios, pero el segundo tiene la clave para poner en práctica sus habilidades para crecer en su entorno. No olvidemos que la teoría nos ayuda a entender un problema, pero no a solucionarlo. Por ejemplo, la creatividad está ligada al sentimiento y no al pensamiento. O la lealtad, unida a las emociones, ya que el pensamiento puede cambiar, mientras que los sentimientos se mantienen fieles a su origen.

Sin embargo, para disfrutar de todas las oportunidades de nuestra vida, de los caramelos de la piñata entre todos, debemos evitar los bloqueos que pueden provocarnos algunas emociones, habitualmente consideradas negativas. Las positivas, en cambio, favorecen la concentración; es más, mejoran el humor haciendo que nos interese todo lo que nos rodea. Del mismo modo, se trata de una gran herramienta para la comunicación, ya que las emociones se reflejan en los gestos o el tono de voz. También puede afectar a la satisfacción personal o a la adopción de un acuerdo.

Así, la piñata se completa entre los conocimientos adquiridos en la vida profesional y la estrategia emocional. Para romper una piñata, no solo se necesita teoría, sino que hay que aprender a observar, analizar y entender los sentimientos. Como dice John C. Maxwell, «el verdadero liderazgo siempre comienza en el interior de la persona».

Las emociones ejercen una gran influencia en la percepción del mundo, en el pensamiento y hasta en la memoria. Por ejemplo, si nuestros sentimientos se acercan a la felicidad, todo nos resulta más agradable. La tristeza crea fatiga. Las emociones representan el interior del individuo y por ello un líder tiene que ser capaz de conocerlas, para que le ayuden a sacar lo mejor de cada uno.

En la piñata se mezclan actitudes que, de algún modo, siempre terminan rozando al concepto de felicidad. Steven Torres me dice en un *e-mail*:

La niñez es una de las etapas más increíbles de la existencia humana. Todos alguna vez estuvimos en una piñata, y yo fui uno ellos. Fueron momentos de felicidad y alegría, y de una plena convicción de que muchos dulces iban a ser para mí. La gente grita y te motiva a seguir entusiasmado, esperando el premio. Incluso con el enigma y la duda de lo que hay en su interior. Hubo golpes, pero seguí con perseverancia esperando la recompensa. Así es la vida, como una piñata. Aunque no sabemos lo que viene, seguimos ahí de pie.

La vida es una piñata, pero otra cosa es vivir en «modo piñata». Si no deseamos colgar de un hilo, con muchos adornos exteriores, llenos de objetos colocados por otros y a la espera de que una fuerza externa nos rompa a sacudidas, tendremos que afiliarnos a los valores de la inteligencia emocional.

Inteligencia emocional

Este término surgió en los años noventa, cuando existía gran desconcierto ante el tratamiento exclusivamente cognitivo de la inteligencia. El mensaje se hizo rápidamente popular: se puede tener éxito sin grandes habilidades académicas. Sin embargo, el origen se remonta a 1920, cuando Edward Thorndike planteó en *Psicometría aplicada* el concepto «inteligencia social», definiéndola como «la habilidad para comprender y dirigir a los hombres y mujeres, muchachos y muchachas, y actuar sabiamente en las relaciones humanas».

Actualmente, las investigaciones demuestran la conexión entre la razón y el pensamiento. Es decir, para tomar las decisiones correctas no solo hay que tomar en cuenta la lógica, sino también los sentimientos. Si separáramos ambos, las consecuencias podrían llegar a ser desastrosas.

Y es que la adecuada gestión de las emociones nos ayuda a enfrentarnos a los buenos y los malos momentos, a recibir lo que cae de la piñata, sea lo esperado o no. Para entendernos, cada uno de nuestros sentimientos tiene una función definida para hacernos ver lo que en realidad está sucediendo. La inteligencia emocional determina nuestra manera de reaccionar ante la adversidad o el fracaso. Nos ayuda a controlar las emociones de manera inteligente, para rentabilizarlas en función de nuestros objetivos. Las emociones se activan cuando el organismo prevé un desequilibrio, positivo o negativo.

Entonces, se ponen en marcha diversos medios para volver a controlar la situación. Las emociones nos proporcionan energía para enfrentarnos a un reto o resolver un problema. Nos impulsan a escalar y alcanzar nuestros deseos o necesidades.

En el caso que nos ocupa, nos ayudan a conocernos a nosotros mismos, para lidiar con las consecuencias de la piñata. No podemos permitir que otros actúen en nuestro nombre, que decidan el contenido de la piñata y hasta cómo debemos reaccionar después. Para ello, debemos mirar en nuestro interior, pensar qué somos y qué queremos ser. Responder a las tres preguntas existenciales:

¿Quién soy?

¿Dónde voy?

¿Con quién?

Como dijo Gandhi: «Sé el cambio que quieres ver en el mundo». Si no trabajas para cambiar, no podrás mejorar tampoco lo que te rodea.

Factores para decisiones adecuadas

¿Cómo podemos prever, conceptualmente hablando, el contenido de la piñata? Analizando nuestra FODA. Es decir, nuestras fortalezas, oportunidades, debilidades y amenazas. Este análisis fue creado a principios de los años sesenta, en pleno auge de las estrategias empresariales. De esta manera somos capaces de ver la situación en la que nos encontramos, sea un proyecto personal o nuestra empresa, y a partir de ahí proponer una estrategia de futuro. No se pueden adoptar decisiones si no conocemos y analizamos el estado de la cuestión. Si no lo tomamos en cuenta, podemos tomar malas posturas que alejen el bienestar integral.

Primero se analizan los factores externos:

Las **oportunidades** tratan los aspectos positivos en el entorno que nos rodea, y que pueden convertirse en una ventaja para nosotros, así como tu situación social.

Las **amenazas** son las circunstancias externas que pueden atentar contra un proyecto o una visión de futuro. Te alertan para diseñar una estrategia al respecto. Por ejemplo, los conflictos con gente de tu entorno.

Luego, los factores internos:

Las **fortalezas** son las habilidades especiales que tenemos, esas herramientas que controlamos y somos capaces de desarrollar positivamente. Por ejemplo, «ser sociables».

Las **debilidades** son los elementos que provocan una situación desfavorable ante los demás, como puede ser la incapacidad de la gente para ver sus errores.

Para analizarlo, te propongo examinar qué metas te habías planteado hasta ahora y cuáles no has conseguido alcanzar, por qué razones y los efectos de ese fracaso. Después del análisis, desarrolla un plan de trabajo y realiza un seguimiento periódico para comprobar que lo estás cumpliendo.

El liderazgo emocional te permite convertirte en la persona que motiva el talento y la pasión por la vida, además de procurar que las personas a tu alrededor tengan un alto nivel de satisfacción y una emoción común por llegar a la meta.

Un líder emocional es capaz de conocer al máximo nivel a las personas que guía, bien sean trabajadores, familiares o amigos. Entender lo que están viviendo en su interior y ser comprensivos genera una fuerte unión con los demás. Ser empático fomenta el respeto, reduce las tensiones, amplía la comunicación y crea un ambiente de colaboración que ayuda en la solución de problemas. Y lo más importante, el empático se compromete con el bienestar de todos los que le rodean.

Es beneficioso fomentar la inteligencia emocional en pleno desarrollo infantil, para evitar que años después tengan dificultades para reconocer o expresar los sentimientos propios o de los demás. Incluso influye en la propia autoestima, ya que evitamos el pensamiento negativo y somos capaces de motivarnos desde niños.

Pero, **¿cómo podemos aprender a manejar las emociones?** Yo te ayudo.

- **Intenta recordar tus éxitos**, mantener la mente en positivo te abre la capacidad de entender y reaccionar.

- **Si tienes un problema**, céntrate en él con paciencia y míralo desde todas las perspectivas, sin caer desde el principio en la desesperación. La respuesta siempre está en tu interior, pero tienes que encontrarla.

- **Escribe un diario de tus emociones y trata de sacar tiempo para leer alguna página**. Te darás cuenta de que las preocupaciones y pensamientos negativos que te absorbían ciertos días los pudiste solucionar. Así le darás un motivo a tus sentimientos.

- **Tómate un descanso para recuperar el control**.

- **Controla tus pensamientos limitantes**.

Las claves del éxito

Nuestras vidas transcurren a una velocidad vertiginosa. Constantemente un sueño se hace realidad y, al instante, una esperanza se convierte en fracaso. Un camino lleno de piedras en el que necesitamos fortalecer el espíritu y la mente para poder superarlas. Una fase idílica, ya que los seres humanos tendemos a cambiar el estado de ánimo en pocos minutos y, tristemente, somos capaces de provocarnos, nosotros mismos, un mal día. La clave para comprender lo que sucede fuera y dentro de nuestra piñata es el equilibrio, una habilidad que aporta salud plena y mente positiva.

Cuando hablamos de equilibrio nos referimos a ese punto exacto de la balanza en el que cuerpo y mente mantienen el mismo nivel; juntos son capaces de crear una completa armonía. En este estado superamos las situaciones negativas y sentimos felicidad ante los retos que nos propone la existencia.

Como ya dije anteriormente, nací en el pequeño pueblo de El Caney, a unos kilómetros de Santiago de Cuba, una zona rural que me proporcionó algunos de los recuerdos más felices de mi vida, pero también muchos momentos amargos. Sufrí, como hijo, un duro divorcio y desde niño tuve que asumir la complicada enfermedad mental de mi padre y toda la herencia genética de nuestra familia. Eran situaciones que un pequeño no entendía, pero terminaban influyendo en mi crecimiento.

Sin embargo, el camino hacia el bienestar me ha hecho aprender las claves del éxito para intentar alcanzarlo cada día. A pesar de las dificultades que se plantaron ante mí desde pequeño, el control de las emociones me ha dado la oportunidad de conocer a los que fueron –y son– mis maestros, entre ellos Oprah Winfrey y Larry King.

Hay quienes dividen las emociones en básicas o derivadas; otros, en positivas y negativas; incluso los que van más allá y las distinguen entre *fowardlooking*, con posibilidades futuras (esperanza), y *backwardlooking*, mirando atrás (resentimiento). Sin embargo, desde la experiencia cotidiana, lo único que podemos constatar es que algunas son más fáciles de identificar que otras; algunas se dan con reacciones momentáneas y otras a largo tiempo. En un lado, el miedo; en el otro, la depresión.

Pero ¿cómo se forman? Los científicos aseguran que las emociones son provocadas por la actividad del sistema nervioso, es decir, como los movimientos voluntarios que realizamos con el cuerpo. Las emociones impactan tanto que pueden ayudarnos físicamente. Me explico: la rabia nos provoca poder enfrentarnos a una persona, a no ser que el sistema nervioso señale que el momento es demasiado peligroso y cambie la rabia por el miedo.

Analicemos las principales emociones que identificamos a diario.

- **La ira**: el cuerpo responde a través del aumento del ritmo cardíaco, puedes notar cómo fluye la sangre por las manos e, incluso, el rostro se enrojece. ¡Te entra hasta calor! Es la emoción más persistente y la más difícil de evitar. Surge cuando alguien (o nosotros mismos) rompe alguna norma que para nosotros es imprescindible. No olvides que podrás controlar la ira si comienzas a calmarte antes de llegar al punto álgido.

- **El miedo:** al contrario, nos ponemos blancos y el frío recorre nuestro cuerpo. Al fluir la sangre por los músculos grandes, nos da la sensación de que nuestro cuerpo se paraliza, una reacción de defensa para calibrar si es necesario que nos ocultemos. En muchas ocasiones es definido como una aversión irracional a un peligro que ya esperamos. Nos anticipamos automáticamente a algo que «va a suceder» y nos preparamos para enfrentarnos a ello. Los miedos se originan normalmente en la infancia, en malas experiencias o incluso interiorizando el miedo de nuestros padres.

- **La felicidad:** con una sensación mental de entusiasmo, el cuerpo se llena de energía, relajándose completamente los músculos. La clave de la alegría no está en obtener algo, sino en compartir y sonreír. La felicidad nos ayuda a lograr nuestras metas, podemos incluso influir en el cambio de la vida de los demás. Nos hace ser más creativos y enérgicos, ya que genera energía positiva. Incluso puede relacionarse con la salud, al producir químicos que ayudan a nuestro sistema inmunológico.

- **El amor:** parecido a la felicidad, con más calma generalizada y un equilibrio diferente. Es curiosa su implicación en el cuerpo. Los sentimientos de ternura o sexuales activan el sistema opuesto al que nos provocaría la ira, el nervioso parasimpático. Esta reacción, junto a la relajación, provoca en el cuerpo un estado de calma que favorece a la convivencia.

- **La tristeza:** nos quedamos sin energía, no tenemos ganas de movernos, disminuye el ritmo corporal, incluso el metabolismo se ve reducido. Este encierro en nosotros mismos nos ayuda a llorar una frustración, una pérdida, planificar el futuro y recabar fuerzas para seguir adelante. Lo peor que puedes hacer en esta situación es darle vueltas a los pensamientos negativos. Eso solo te hará acercarte más a la depresión, y esta no te dejará disfrutar de la vida y ser feliz. La depresión es una llamada de atención a tu autoestima.

Los investigadores de la Universidad Aalto de Finlandia han confirmado una hipótesis que muchos intuíamos: todos los sentimientos tienen un paralelismo biológico, y lo han reflejado en el Mapa de las Emociones, una conexión entre el estado mental y el físico. Lo más curioso de todo es que las sensaciones son universales.

Los científicos finlandeses han descubierto que los correlatos físicos se suceden en todas las culturas. Es decir, nos rompen del mismo modo el corazón en cualquier punto de Latinoamérica y de Asia; la diferencia es la forma en la que lo expresamos, ese es el patrón cultural.

Este tipo de estudios podrían llegar a tener grandes implicaciones para el tratamiento de los trastornos del estado de ánimo. Si comprendemos cómo funcionan las emociones positivas, podríamos enfrentarnos a los males que despiertan las negativas. El autocontrol es una capacidad básica para enfocar nuestras vidas. Quien consigue entender qué hacer, teniendo en cuenta la razón y la sensibilidad, podrá proponer objetivos y alcanzar la máxima independencia emocional del mundo que le rodea. Decía Abraham Lincoln que «la mayoría de las personas son tan felices como sus mentes les permiten ser». ¡Cuánta razón!

La gran importancia de las emociones

Como explico en mi libro *El analfabeto emocional*, los seres humanos somos criaturas emocionales. Aunque las emociones se nos asignen por mandato divino, no es aconsejable dejarse arrastrar por la energía que desencadenan. En la piñata de la vida, no es aconsejable sustentar decisiones sobre arranques emocionales. Dios nos crea con emociones, pero de nosotros depende someterlas, manejarlas correctamente y guiar toda su fuerza a favor de lo más positivo y hermoso de la vida.

Las emociones ejercen autoridad sobre las tres esferas que distinguen la existencia del ser humano: la material, la mental y la espiritual, y moldean en muchas ocasiones el nivel de paz y el bienestar de nuestra existencia. En lo corporal, son capaces de desatar reacciones químicas internas que inciden directamente sobre la salud física y mental; mientras que, en lo espiritual, son capaces de dejar huellas imperecederas. Sobre todo, las negativas, que pueden arruinar las intenciones de alcanzar la felicidad.

En un *e-mail* enviado desde Guatemala, Iris recuerda que solo tuvo una piñata de cumpleaños en toda su infancia. Fue compartida con su hermana, por lo que ambas estaban muy emocionadas con la celebración:

> Mi madre fue a comprarla con mucho esfuerzo y la trasladó a nuestra casa en transporte público. Ahí la aplastaron toda, pero así la llevó a la casa y la trató de arreglar, para que no se notara mucho lo maltratada que había quedado. Era un Dumbo muy hermoso. Ahora pienso que en esos años no pensaba tanto en el qué dirán, si la piñata estaba fea o no, si tenía dulces ricos o no. Solo quería quebrarla.
>
> Ahora veo cada detalle y me enfado si no está perfecto, pero no debería ser así. Nunca perdamos la ilusión, la alegría con que los niños esperan una piñata. Por muy pequeña que sea, a ellos les cambia la sonrisa. Y cuando caen los dulces se convierte en un festín. Hasta terminan sin zapatos, con tal de agarrar sus dulces.

Pregúntate siempre si estás dispuesto a vivir en «modo piñata», eternamente colgado de una cuerda, adornado por fuera, repleto de objetos insertados por otros. Además, debemos preparar nuestra mente para enfrentar lo que caerá de la piñata. El equilibrio nos permite sentirnos bien en cada momento, romper paradigmas ante las conductas negativas, alcanzar la paz interior e incluso sentirnos con más fuerza e ilusión para encauzarnos hacia el futuro. Las personas que alcanzan un alto nivel de conocimiento emocional tienen más probabilidades de éxito en la vida laboral y personal.

Sin embargo, el equilibrio interno es complicado de controlar. Requiere práctica y paciencia. ¿Cómo puedes ayudarte?

- **Haz deporte.** El ejercicio fortalece el cuerpo y también el espíritu. Gracias a él somos capaces de conocer nuestras capacidades y demostrarnos que se puede llegar más lejos cada día si trabajamos con constancia.

- **Medita.** Así logras una conexión entre mente, cuerpo y espíritu. Con la meditación, el cerebro límbico (emocional) siente cómo aumenta el sentimiento de la felicidad.

- **Escucha música.** Un estudio de la Universidad Northwstern, de Estados Unidos, revela el impacto positivo de la melodía en el funcionamiento del sistema nervioso e, incluso, en la mejora de la pérdida de memoria cuando envejecemos. Gracias a la musicoterapia, estimulamos al cerebro para fomentar la capacidad de aprendizaje y concentración a través de la energía y las vibraciones de los sonidos.

- **Dedica tiempo a tu familia y amigos.** Son las personas que te han visto crecer como ser humano, las que han compartido contigo los buenos y malos momentos, las que mejor te conocen y que esperan que alcances el éxito. Disfruta la vida, no hay mejor compañía que los que te cuidan y más te quieren.

- **Sonríe a la vida.** Reír es un ejercicio maravilloso, cientos de estudios aseguran que un minuto de risa equivale a hasta diez minutos de deporte aeróbico. ¡No está mal! Con la sonrisa serás capaz de cambiar una mala situación en una posible esperanza.

- **No vivas en el pasado.** No seas una persona rencorosa, ese mal recuerdo solo te va a hundir más en el negativismo. Perdona a las personas que crees que te hicieron daño, aprende de tus errores y pasa página. Vive el presente. Supera el pasado mientras visualizas y te concentras en el futuro.

Lecciones de la piñata

¿Qué debemos esperar de la piñata? Todos llegamos a este mundo con una misión. Por algo estás ahora mismo, en este tiempo, aquí. Ahora tienes que descubrir cuáles son tus aptitudes y cómo puedes llegar a hacerlas talento. Encuentra tus habilidades y esfuérzate en desarrollarlas.

Una de las principales es **saber escuchar**, ya lo he dicho en cientos de ocasiones. Y estamos hablando de escuchar, y no de oír, porque no es lo mismo. Oír quiere decir que somos capaces de percibir ciertos sonidos, aun sin llegar a entender qué son. Escuchar implica tener activados todos los sentidos y llegar a comprender de qué se trata. El primero es un acto inconsciente, mientras que el segundo es deliberado.

La habilidad de escuchar muestra respeto, favorece las relaciones sociales, genera ideas y fortalece la lealtad. Escuchar ayuda a comprender a las personas y esta actitud se convierte en un fiel compromiso. Conocer las necesidades de los demás es clave para poder comprenderlas. De esta manera podremos impactar en sus vidas.

No solo trates de impresionar. **¡Deja que también otros te impresionen a ti!** El orgullo se convierte en una forma más de egoísmo y, al mismo tiempo, una manera de alejar a la gente, para que no nos conozcan de verdad.

Las personas con carisma no hacen más que atraer; las escuchan, muestran sus imperfecciones y evitan ser el punto de interés en todo momento.

Una de las personas a las que más admiro es toda una experta en el poder de escuchar: Oprah Winfrey. Su habilidad la ha coronado como una de las mujeres con más éxito e influencia del mundo. Lo aplicaba en su programa de televisión, pero también en la calle, donde encontraba los temas interesantes para su público. Oprah acoge uno de los grandes beneficios de escuchar: aprender. Si estamos hablando siempre, nunca podremos cultivarnos con las personas que nos presenta la vida. Una herramienta para potenciar nuestras habilidades y descubrir otras que creíamos inexistentes.

Conviértete en una persona motivadora:

- *Sonríe,* la risa tiene la gran habilidad de ser contagiosa.

- *Elogia,* destaca las virtudes de los demás, ¡puede que no las conozcan ni ellos mismos!

- *Escucha,* no seas constantemente el centro de atención.

- *Demuestra interés,* ten gestos que recuerden que forman parte de tu vida, al igual que tú de la suya.

Y, sobre todo, **no te quedes prendado de los incidentes aislados**. En la piñata no cabe el fracaso; aprende de cada error, te enseñará a no volver a tropezar con la misma piedra. No aceptes el rechazo, trátalo como algo temporal. Aprende de ello, piensa que lo que hoy es tu debilidad mañana será tu fortaleza.

La cara positiva del fracaso

La capacidad para ver más allá solo se consigue con actitud positiva ante los obstáculos. Y es que, aunque pueda parecernos una forma de ver las cosas negativas, tienes que estar preparado para el fracaso. ¡Todo el mundo se equivoca! Es más, los estudios aseguran que tenemos más desilusiones que triunfos. El gran rival al que nos enfrentamos es a nuestra propia decepción, cuando no somos capaces de ver la cara positiva de este fallo que nos acerca más a nuestros objetivos.

En este punto, retomo la carta enviada por Ana Virginia:

Me llamaba la atención, y también me incomodaba, que, si no participabas en la piñata, los adultos no tardaban en opinar: «¡Ay, una niña triste!». «¿Por qué no te diviertes como los demás niños?». A mi mamá le decían: «¿Qué tiene tu hija? ¿Está brava o se siente mal?». Obviamente, te presionaban para que fueras como la mayoría, sin darle importancia a tu opinión. Sin comprender que tú eres una persona única, con su forma de pensar. Y que, así seas «pequeño», ya eres capaz de saber qué te gusta y qué no, y si le quieres dar a una piñata o no.

Hoy considero que esta libertad de decisión debe ser respetada y canalizada de manera positiva en los más pequeños, para que desarrollen su seguridad e independencia. Así aseguramos tener futuros adultos capaces de tomar sus propias decisiones y sentirse cómodos y libres donde estén. Es importante ver esta situación de la piñata más allá de una situación cotidiana, y a la que no le prestamos atención, pues tienes la oportunidad de educar la autoestima de tu hijo. No lo impulses a que golpee la piñata porque sí; más bien pregúntale qué quiere, qué piensa al respecto.

Ana nos plantea otra manera de resolver un problema emocional derivado de la piñata. Tómala en cuenta y reflexiona. **Piensa siempre en grande, pero empieza por resolver tus propios conflictos**. Tenemos suficientes frustraciones como para criticar las de los demás. Si actúas antes en los conflictos del resto, en lugar de en los tuyos, no estarás concentrándote en tus objetivos, y acabarás estancado.

Además, adentrarte en los fracasos ajenos puede significar que tienes miedo a superar los propios. No te aferres a ellos, sigue solo lo valioso. No importa si te traicionaron o si sufriste por una mala decisión, con el tiempo serás capaz de ver que este tipo de situaciones te han abierto puertas a otras oportunidades: un nuevo proyecto, la solución a un problema, nuevos amigos... Haz que ese desconsuelo te dé fuerza para que no te vuelva a suceder y, sobre todo, para desarrollar algo mucho mejor.

En nuestro interior se encuentran los talentos. Este potencial espera a ser desarrollado, un aspecto imposible sin una sana autoestima. Reafirma en lo que eres bueno y trata de revisar lo que no se te da bien. Pide ayuda a los demás, de nada te sirve ser inseguro; no reclamar consejos te convierte en una persona insegura, nunca podrás avanzar de esa manera.

Recuerda, la perfección no existe, valora tus habilidades. La gente proyecta lo que siente dentro, la forma de actuar no es otra cosa que una extensión de la actitud. **No confundas la popularidad con la felicidad**. Este sentimiento lo consigues tú solo en el interior; la popularidad se alcanza con el agrado de los demás y, en muchas ocasiones, dependiendo del poder, puede ser algo interesado.

No hay nada que no puedas conseguir con trabajo y perseverancia. Busca en tu interior las ideas que te emocionan, esas por las que darías horas y horas de tu vida, en las que derrocharías todo tu potencial sin queja alguna. Eres capaz de crecer si confías en ti, si eres tu propio líder. Y, ante todo, haz del mundo algo maravilloso. Tú puedes ser el eje del cambio si te lo propones.

Rompiendo paradigmas

En 2016, una foto del papa Francisco recorrió las redes sociales, provocando innumerables comentarios. El líder de la Iglesia Católica aparecía soltando una alegre carcajada, rompiendo una vez más la tradición y alejándose de formas almidonadas impuestas durante siglos. Es evidente que el papa, con su risa contagiosa, diluye muchos esquemas. Como es de esperar, esto sucede con la aprobación de unos y la crítica de otros, una dicotomía común cuando se rompen paradigmas.

Muchos no aceptan nuevas formas de ver y enfrentar el mundo, se resisten a renunciar a pensamientos y hábitos establecidos y temen al cambio, a pesar de lo negativo que el inmovilismo implica.

¡Romper paradigmas es cambiar lo que puede y debe ser cambiado! ¿Qué hay de malo en una buena carcajada, aunque provenga de la autoridad religiosa más importante del mundo? ¿Qué pensamiento ético o estético sustenta la costumbre de esconder la felicidad? ¡Ninguno! Cuando rompemos paradigmas, vencemos temores, definimos nuevos caminos y nos alejamos de la rutina personal, social o laboral. Para hacerlo, debemos confiar en nosotros mismos y ser apasionados.

Los seres humanos, por lo general, somos adictos a los hábitos; reverenciamos —en ocasiones, hasta lo irracional— costumbres y tradiciones que solo sirven para frenar la creatividad y obstaculizar el desarrollo. Lamentablemente, en ocasiones creamos y promovemos algunas rutinas perjudiciales, y luego sufrimos sus secuelas negativas.

Una experiencia nada saludable – por ejemplo, un accidente de tránsito – puede provocar patrones de conducta guiados por el temor. Es muy probable que, en lo adelante, temamos subirnos de nuevo a un auto. Si no nos reponemos, alimentamos ese hábito nacido del miedo.

De acuerdo con Camilo Parrado, la resistencia al cambio «es inversamente proporcional al desarrollo personal» del ser humano. El motivador aconseja asumir el cambio como un hecho de la vida, que debe aprovecharse para mejorar áreas de desarrollo vital. Especialmente, «las emociones desbordadas que en muchas ocasiones entorpecen la buena disposición para asumir los retos y problemas frecuentes».[23]

Desde Bolivia, Mercedes confiesa cómo consiguió transformar sus paradigmas:

La piñata no era un acto de equidad de los que me gustaba ser parte. Tal vez me gustaba la equidad porque me daba la seguridad de que recibiría algo. De lejos veía cómo cada uno de los siete pecados capitales cobraba vida, y prefería quedar afuera, viendo como espectadora y recogiendo los dulces que saltaban lejos de los demás.

Con el pasar de los años entendí que la piñata es un minúsculo reflejo de la vida misma. No te puedes limitar a ser un mero espectador o a recibir lo que los demás están dispuestos a darte, por miedo a ser lastimado. La clave está en adquirir las herramientas y salir a luchar por lo que quieres conseguir; aunque eso muchas veces implicará salir vencido, pero muchas otras, victorioso. Lo importante es aprender la lección adecuada, sea cual fuere el veredicto.

La vida es como una piñata. A veces ganas y a veces pierdes, pero, si el miedo te paraliza, no estás aprendiendo, no estás evolucionando, no estás viviendo.

La vida nos ofrece miles de oportunidades que solo sabremos aprovechar adaptando ciertos hábitos de la nuestra. Se trata de herramientas personales que nos permitan crecer, especialmente cuando experiencias negativas no nos dejan seguir hacia adelante. Por eso siempre destaco la necesidad de romper paradigmas, superar los obstáculos en el camino del bienestar. Esta nueva construcción de hábitos se puede consolidar gracias a la programación neurolingüística, entre otras técnicas o herramientas.

La ciencia aplicada ha demostrado que somos capaces de modificar ciertos significados de nuestra mente con las herramientas adecuadas. Pero para adoptar esta nueva conducta existen dos requisitos: estar dispuestos a cambiar y estar comprometidos para aplicar las herramientas el resto de nuestras vidas.

El lastre de los condicionamientos

Las personas estamos predefinidas o prejuzgadas por la sociedad, por la familia o simplemente por la tradición. Los temas abarcan diversos ámbitos, desde la salud hasta la educación pasando por la estética. Vivimos muchas veces con el peso a cuestas de nuestras herencias. Sin embargo, en muchos casos, esas etiquetas nos limitan y entorpecen en nuestro crecimiento diario. ¿Por qué? Por los aspectos negativos y limitantes que encierran, que han sido parte de la configuración de nuestro disco duro —el cerebro—, de nuestra mentalidad. Con fuerza de voluntad y disciplina de campeones o atletas, podemos ir más allá de cualquier desafío que nos intente detener.

Entonces, ¿cómo no convertirlo en algo positivo? Te pongo un ejemplo: Pablo Pineda es un español de cuarenta y dos años que, gracias al esfuerzo y a la educación impartida por sus padres, se ha convertido en el primer europeo con síndrome de Down en terminar una carrera universitaria. Además de ser diplomado en Magisterio, a pocas asignaturas de licenciarse en psicopedagogía, ha sido galardonado con la Concha de Plata del Festival Internacional de Cine de San Sebastián por su actuación en la película *Yo, también*. Ha publicado dos libros: *El reto de aprender* y *Niños con capacidades especiales: Manual para padres*. Ahora recorre el mundo ofreciendo conferencias de sensibilización sobre la discapacidad.

Desde el minuto en el que nació, Pablo estaba predestinado a tener límites marcados por la sociedad. Inicialmente tendría una vida completamente diferente a quienes no padecen una discapacidad como la suya, pero sus padres decidieron plantearse una visión de futuro diferente y cambiar las cosas. El propio Pablo ha confesado en numerosas entrevistas que sus padres le enseñaron a ser independiente. Le inculcaron una mentalidad positiva para no bloquearse ante los problemas, sino buscar alternativas para sortearlos. Es decir, su piñata parecía venir vacía por nacer con unas capacidades distintas, pero la educación familiar, primero, y la reglada, después, rompieron el paradigma. Su piñata, ahora, es similar a la del resto, más allá de los estereotipos, prejuicios o conductas discriminatorias que aún sufren las personas con síndrome de Down.

Para muchos otros, sin esa condición, la piñata en la vida de Pablo le ha dado más regalos. Así es la vida vista desde diferentes ángulos. Gracias a la preparación que sus padres le regalaron, Pablo ha creado una obra maestra con los retazos y premios que cayeron de su piñata. Él no se lamentó por no recibir tal o cual bendición más, que al final no venía en su piñata de vida. He conocido a muchas personas que viven con una discapacidad, pero en realidad hacen de ella una fuente de bendiciones permanentes, en función de ayudar a otros a vivir mejor, a ser más felices y a dejar de quejarse en «modo piñata».

¿Obra maestra o lienzo sin luz?

Está claro que forjamos algunos hábitos cuando nos suceden situaciones negativas, que dejan huella en nuestras vidas; recuerdos que establecen, a largo plazo, un patrón de comportamiento, una cicatriz que nos marcará, por ejemplo, a la hora de enfrentarnos a las figuras de autoridad o encerrarnos en nosotros mismos ante los demás o ser exageradamente inseguros. Estas formas de vida pueden llegar a ser destructivas y nos provocan miedo. Y con miedo no somos capaces de abrir la piñata que nos aguarda llena de oportunidades, futuro y de todo un poco, incluyendo los tropiezos y las caídas, que también traen oportunidades gigantes de levantarnos para crear resiliencia.

En la infancia, mientras aprendemos a vivir, predefinimos en nuestras redes neuronales ciertos pensamientos o reacciones. De esta manera, si volvemos a experimentar una situación similar, el cerebro activa un mecanismo de defensa y ahorro energético con actos automáticos.

La conducta es un elemento esencial en nuestra salud. Está definida por nuestro estilo de vida y, al mismo tiempo, concebida para adaptarse a él. Piénsalo por un instante. Cuando nos enfrentamos a un problema que nos genera ansiedad, tendemos a consumir alimentos poco saludables. Pero ¿y si aprendemos a cambiar los hábitos? Seremos capaces de resolverlo tras practicar un poco de deporte. Nunca olvides que eres quien diseña el boceto de tu vida y el que le da color, matices y energía hasta convertirla en una obra maestra que muchos admiran; o en un lienzo sin luz al que nadie se acerca. Tú defines tus pensamientos. Tú puedes observar tus pensamientos, convertirte en su testigo silencioso. Las experiencias solo te retan a mantener una actitud positiva y luchadora para enfrentarte a ellas.

Podemos aprender a reconstruir la mente. Uno de los descubrimientos más interesantes del campo de la neurociencia es la plasticidad del cerebro. Modificar patrones es más sencillo de lo que pensamos. En un artículo del Centro Nacional de Investigación sobre la Evolución Humana, la bióloga Aida Gómez–Robles, de la Universidad George Washington (EE.UU.), afirma que el cerebro humano es «más sensible a las influencias ambientales», por lo que se «facilita la adaptación a un ambiente en constante cambio, que incluye nuestro contexto social y cultural»[24]. Entonces seguro que también podemos adaptar el cerebro a diferentes significados lingüísticos.

El neurocientífico Facundo Manes, creador del Instituto de Neurología Cognitiva, explicó durante el ciclo «Cerebros en Red», de *Infobae*, que cada vez que los seres humanos nos enfrentamos a una nueva situación, «hay sinapsis que se fortalecen y sinapsis que se debilitan. Esto quiere decir que cada experiencia modifica nuestro cerebro».[25] Sinapsis es la comunicación e interacción entre las neuronas.

Para definir nuevas metas que introducir en nuestra piñata, debemos vencer los temores que nos paralizan rompiendo paradigmas. Y a esos paradigmas sí les tenemos que jalar duramente, bien fuerte para que se vayan de nuestra conciencia. Algunos de estos patrones de conducta o pensamiento ya han vencido, son atajos de una versión inferior caducada de nuestro propio ser en evolución. A medida que crecemos, nos expandimos, y eso obliga a un replanteamiento de nuestra cosmovisión del mundo. Una labor para la que se necesitan las tres P: pasión, paciencia y perseverancia.

El título del libro *Derribado, pero no destruido: Encuentre el propósito, la pasión y el poder de mantenerse firme cuando su mundo se viene abajo*, de Matthew Hagee, sugiere cuál debe ser la actitud. Sé que suena imposible, pero está científicamente comprobado que desprendemos una energía conectada a los pensamientos, que es capaz de atraer las mismas situaciones. Es decir, si afrontamos un problema con actitud positiva y decisión, atraeremos situaciones beneficiosas para nosotros.

¿Sabes que la sonrisa es contagiosa? Investigadores de la Universidad Wayne State revelaron que, cuando una persona es feliz, aumenta su esperanza de vida. El estudio de la Universidad sueca de Uppsala desvela cómo somos propensos a sonreír cuando nos sonríen. Entonces, podemos reconvertir experiencias negativas y potenciarlas para crecer y ayudar también a los demás.

No hay nada mejor que aprender del ejemplo de otros. Muchos conocen a Emmanuel Kelly por el video viral de su participación en *X Factor*, con el tema *Imagine*, de John Lennon. Él es un rompedor de paradigmas. Unas monjas lo rescataron en Irak, junto a su hermano, cuando eran muy pequeños. Ambos sufren grandes malformaciones en brazos y piernas. Moira Kelly, madre adoptiva, les llevó a vivir a Australia para recibir tratamiento médico.

Hoy, ambos hermanos son personas de éxito personal y profesional. Son ejemplos de seres que han comprendido cómo un tortuoso pasado puede convertirse en un mayor esfuerzo y dedicación en el futuro. Hay que aprender a sonreírle a la vida. Con otra conducta, cientos de situaciones por las que hemos pasado habrían supuesto un gran cambio en nuestras vidas.

¿El cerebro puede seguir aprendiendo a cualquier edad? ¡Claro! Gracias a la neuroplasticidad cerebral. Es decir, para romper paradigmas debemos ejercitar el cerebro. Así podremos obtener beneficios, como sobrepasar los límites, ayudar a que el sistema nervioso se adapte a nuevas demandas, reemplazar funciones perdidas, enriquecer canales creativos o modificar significados que son negativos.

Santiago Ramón y Cajal, Premio Nobel de Medicina, sostenía que cualquiera puede adecuar el cerebro a sus deseos. Esta parte de nuestro cuerpo, como cualquier otro músculo, se fortalece con el entrenamiento. Es curioso, la sociedad se ha adaptado a mantener una rutina saludable con respecto al cuerpo, pero se ha olvidado de los ejercicios del cerebro. ¡Con lo importante que es para nuestro futuro!

Identificación de «anclajes»

La memoria también se relaciona en el cerebro, a la hora de crear respuestas automáticas ante ciertos estímulos. Algunos son positivos porque nos protegen; por ejemplo, mirar antes de cruzar la calle. Otros nos condicionan las emociones, como el recuerdo de las vivencias pasadas, ese momento en el que hueles una flor o un plato de comida con el que viajas a tu infancia, pero también una canción que asocias con tu expareja.

A esta conexión se la llama «anclaje»; y existen anclajes positivos y negativos. Estos últimos se relacionan con la ansiedad y la depresión; son pensamientos innecesarios que nos atormentan.

Para estos casos existen ejercicios que nos ayudan a eliminar la carga emocional. ¿Cómo? Identificamos el «anclaje negativo», lo analizamos y nos preguntamos por qué sigue siendo una carga para nosotros. A partir de ahí llega lo más importante: enfrentarnos a ello. De esta manera creamos una nueva carga emocional ante él. Si te provoca miedo, tendrás que ser valiente para superarlo. Si te afecta de manera angustiosa, ten paciencia y tranquilidad.

Recuerda que los pensamientos son tuyos y solo tú tienes el control sobre ellos. Si lo decides, puedes reconvertirlos. Este es uno de los principios de la programación neurolingüística. Cada situación o actividad diaria, sea beneficiosa o no para nosotros, crea una intención positiva.

Está claro que un episodio difícil puede convertirse en una oportunidad. Se trata de la importancia de fallar para cultivarse. Esto se puede extrapolar a cada problema de la vida. Hay que aprender a sacar provecho de los problemas. Entender que se puede mirar más allá y observar los resultados. En lugar de perder el tiempo evaluando lo que nos está sucediendo, es más sencillo preguntarse: «¿Para qué me puede servir lo que me acaba de suceder? ¿Qué puedo aprender de ello?». Esta nueva perspectiva nos ayuda a mantener una actitud más positiva y utilizarla para crecer ante nuestro futuro.

Aprende a desarrollar una mentalidad positiva y de confianza para alcanzar el éxito en tu vida personal y profesional. No dejes este ejercicio al azar o a la suerte. Toma después de esta lectura el compromiso de trabajar en tu mentalidad y espiritualidad una hora cada día. Deja una hora de «tiempo de reflexión» o «tiempo para pensar», donde te hagas preguntas interesantes y te prepares para tus decisiones y para revisar tus creencias. Es muy importante que hagamos esto, porque las oportunidades y la preparación nos llevan al éxito, pero las oportunidades sin estructura (claridad mental) nos llevan al caos.

La memoria es un área del cerebro que nos permite almacenar y recuperar la información que procesamos a diario. Para cuidar el cerebro, también debemos salvaguardarlo de recuerdos negativos. ¿Para qué sirven? Cuanto más le damos vueltas a una situación dolorosa, más afianzamos ese trauma en el cerebro, lo que provoca que reaparezca con más facilidad.

Por suerte para nosotros, el cerebro no envejece con la edad. En cambio, sí lo hace por falta de actividad. Por ejemplo, a lo largo de los años potenciamos una zona cerebral asociada a lo que necesitamos a diario, como nuestra profesión. Con los años desarrollamos destrezas cognitivas; algunas de ellas, malas. Para solucionarlo debemos desarrollar la habilidad de desaprender. Apagar un piloto automático que nos complica demasiado.

Hay hábitos que se generan por un mal recuerdo: pánico a hablar en público si has sufrido *bullying* de niño, o miedo al compromiso cuando te han roto el corazón. Gracias a la meditación podemos alterar los recuerdos negativos a partir de la programación neurolingüística. Por ejemplo, en un lugar tranquilo y con tiempo, revive el recuerdo negativo prestando atención a los detalles. Después vuelve a hacerlo, mirándolo como si fueras una tercera persona, un simple espectador. Entonces, altera el recuerdo, puedes satirizar una parte para recordarlo con diversión.

Sin embargo, me gustaría que entendieras que no debemos eliminar todos los malos recuerdos porque, al fin y al cabo, nos han hecho como somos. Las malas experiencias afianzan nuestra forma de ser, nos hacen más fuertes y nos ayudan a protegernos de quienes nos rodean.

La resiliencia

Retomo aquí el concepto de resiliencia en los seres humanos. Vayamos al diccionario de la Real Academia Española de la Lengua:

resiliencia:

Del ingl. *resilience*, y este der. del lat. *resiliens, -entis*, part. pres. act. de *resilīre* 'saltar hacia atrás, rebotar', 'replegarse'.

1. f. Capacidad de adaptación de un ser vivo frente a un agente perturbador o un estado o situación adversos.

2. f. Capacidad de un material, mecanismo o sistema para recuperar su estado inicial cuando ha cesado la perturbación a la que había estado sometido.

A las personas que van por la vida en «modo piñata» o de víctimas les es muy complicado entender que no es toda su vida la que está condenada a ser dura, difícil u hostil, sino que les corresponde ser agentes del rebote, elementos de salto y progreso. Este es uno de los conceptos que más me ha ayudado a entender mi capacidad y fortaleza de vida.

La resiliencia es fundamental porque nos invita a ser flexibles, agradecidos y recursivos con los elementos que nos caen de nuestra piñata de vida. Por eso, y basados en esta capacidad, entre muchas otras, que tiene el bambú como planta, hicimos dos libros para transmitir dichas herramientas: *El secreto del bambú* (adultos y jóvenes) y *Ser como el bambú* (niños).

Y como nada en este mundo está aislado de cualquier otro elemento, el grado de familiaridad de las piñatas con el bambú es muy alto. Además de las conocidas ollas de barro, en México también se fabrican piñatas con bambú, cubiertas con papeles de colores. El bambú debe ser un buen referente para llevar nuestra vida, justamente por su resiliencia, que es la capacidad de los seres vivos para sobreponerse a períodos de dolor emocional y a situaciones adversas. Es un término que se toma de la resistencia de los materiales que se doblan, sin romperse, para recuperar la situación o forma original.

Tal como te cuento en *El secreto del bambú*, la existencia de esa planta es una bendición para los seres humanos. Simboliza la grandeza de la nada, porque desarrolla su tronco alrededor del vacío. Ese vacío, según el pensamiento asiático, es el contenedor de su inagotable espiritualidad. Muy popular en ese continente, ha sabido ganarse un lugar en la conciencia colectiva de la humanidad porque se ha puesto al servicio de la gente a través de sus innumerables usos: con el bambú se construyen casas, muebles, flautas, canales de agua, vasijas..., se hace papel y se preparan recetas de cocina.

Su trascendencia es inagotable. Muchas especies de bambú tienen las raíces conectadas, por lo que crean extensas comunidades bajo tierra. Es una raíz que crece en solidaridad. Mucho podemos aprender del bambú en términos de resiliencia. Es duradero y difícil de exterminar. Una vez que sus raíces se solidifican, sus troncos crecen muy rápidamente y hay quienes dicen que el bambú es más fuerte que el acero. Sin embargo, tiene una flexibilidad impresionante. El viento y la lluvia derriban otros árboles aparentemente más fuertes, pero el bambú recibe el temporal danzando: cede y se dobla, pero no se rompe.

En el mensaje final de *El secreto del bambú*, el viejo Huáscar dice a su hija Tania: «Fortalece tu mundo interior, conócete a ti misma antes de salir a conquistar lo que te rodea. El éxito necesita un largo proceso de incubación, requiere de mucha paciencia. ¡Esa es la clave, paciencia! También requiere de mucho esfuerzo y dedicación. Cuando actúas así, una vez que germine el éxito, tendrá un rápido crecimiento, como el noble bambú, pues se sustenta sobre bases fuertes».

En el manifiesto le pide que intente siempre llegar al cielo, como el alargado tronco del bambú, pero que nunca se derrumbe por un fracaso momentáneo. «Adecúate a la peor de las situaciones, sé firme, pero consecuente. No permitas que te arrastren ideas rígidas y limitantes, esas que son madre del inmovilismo. Nunca pases por alto tus debilidades. Todos las tenemos».

Practicar la resiliencia implica un profundo autoconocimiento. Una visión del mundo donde veamos oportunidades por todas partes, incluso frente a los problemas. Incluye rodearnos de personas capaces de aportar ideas y soluciones, formar equipos de trabajo basados en la eficiencia y en el conocimiento compartido. Los resilientes se caracterizan por su creatividad y no pretenden vivir con todos los problemas resueltos. La incertidumbre también les anima, les fortalece.

La actitud ante los recuerdos

También los recuerdos nos ayudan a tomar decisiones en el futuro ante asuntos decisivos. Si los borrásemos de nuestro cerebro, perderíamos esa referencia. ¿Cómo sabremos entonces qué debemos incluir en nuestra piñata?

En una carta, Vanessa Rivas menciona que actualmente enseña a sus hijos a ir tras lo que les gusta, sin importar lo que digan los demás:

Las piñatas que les hice nunca fueron de sus personajes favoritos, sino de algún personaje malvado. Me parecía triste que ellos no entendían por qué debían caerle a palos a quien querían, que en este caso era su personaje favorito.

Al final, por lo menos en mi vida, las piñatas representan alegría y sorpresa por lo inesperado. Y con determinación, obtener lo que se quiere, porque obtienes tantas golosinas como seas capaz de atajar.

Cambiar los personajes de la piñata para no apalear a nuestros héroes favoritos es una manera excelente de romper paradigmas. Todos los problemas tienen solución. Si sabemos interpretarlos, podremos abrir la piñata, tomar lo positivo, dejar ir lo negativo y alcanzar el éxito en armonía para nuestras vidas. Cuanto más positivos somos, mejor preparados estamos para asumir lo que trae la piñata y más salidas encontramos. Cuantos menos recuerdos dolorosos arrastremos, tendremos más herramientas para disfrutar nuestra piñata.

Lo que muchos otros seres humanos hacen es llevarse su piñata a cuestas, con todo lo que alguien les puso dentro. Sin darse cuenta, van soportando en sus espaldas o cabezas esa pesada carga de eventos, traumas, críticas, elogios y sorpresas. Nuestra vida, en caso de que quieras verla como una piñata, es justo para ser compartida, vaciada. Y, en el mejor de los casos, son aquellas con falso fondo, reutilizadas para no tirar tanta basura a la gran casa nuestra que es la Tierra.

Ya conoces los dos requisitos: estar dispuestos a cambiar y estar comprometidos con aplicar las herramientas el resto de nuestras vidas. Si quieres alcanzar más oportunidades, si quieres aprovechar los regalos de tu piñata, identifica los comportamientos tóxicos y modifica las conductas ineficaces que te hacen tropezar con la misma piedra.

Mantén una actitud positiva ante los problemas, apóyate en los recuerdos para avanzar, aprende las lecciones que puedas sacar de los momentos negativos, reprograma los que sean un lastre y elimina las actitudes o reacciones automáticas. Pero, sobre todo, ejercita tu cerebro a diario.

Dejo para casi el final la carta de Iván, desde México:

> Ismael, ¿de qué manera podemos entrenar la mente para enfrentarnos a la complicada piñata de la vida, a todos los acontecimientos, tanto a los buenos como a los malos? De niño sufrí con las piñatas. Luego he ido mejorando esa huella, pero espero llegar al día en que pueda transformar ese paradigma y sacar las mejores enseñanzas de la piñata de la vida. ¿Me ayudarías?

¡Por supuesto! Todo este libro va dirigido a personas como tú, que desean dejar a un lado el papel de víctimas y cambiar las circunstancias de su vida partiendo desde su inmenso poder de elegir cómo reaccionar. Quiero que veas tu pasado desde otra perspectiva, que conserves el control y que revises las decisiones para cambiar el rumbo de tu vida. Para ello, creamos algunas herramientas que podrían ayudarte a sanar y/o enmendar heridas del pasado. Porque no importa si te ha tocado una piñata repleta de sorpresas agradables y ricos caramelos, ni tampoco si te quedaste solo con los pedazos y alguien se ha llevado tus regalos.

Existen siete pilares espirituales, o si prefieres siete principios universales. Se trata de puntos básicos que, aplicados a nuestra vida cotidiana, nos permiten ser una mejor versión de nosotros mismos y alcanzar el máximo potencial para triunfar y vivir a plenitud. Aquí te propongo un resumen de mis *Siete llaves*, un álbum y programa de audios para contribuir a tu potencial infinito. Te aseguro que al escucharlos tendrás inspiración para crear un *momentum* de cambio que te lleve con acción al próximo nivel de tu despertar de conciencia. Puedes descargar *Siete llaves* visitando www.IsmaelCala.com.

LAS SIETE LLAVES

1. Gratitud

Cultivar la gratitud no cuesta nada y puedes obtener muchos beneficios. Según la ciencia, la gratitud mejora la salud. Las personas agradecidas sufren menos dolores y se sienten más saludables, tienden a cuidarse más, de acuerdo con un estudio publicado en *Personality and Individual Differences*. Practicar la gratitud ayuda a reducir la depresión y mejorar la autoestima, así como a superar emociones tóxicas como la envidia, el resentimiento, la frustración y los remordimientos. La gente agradecida es más sociable, sensible y empática, según una investigación realizada por la Universidad de Kentucky, en la que los participantes que tenían un nivel más alto de gratitud demostraron menos tendencia a buscar algún tipo de venganza.

Otro de los beneficios que gozan las personas que practican la gratitud es dormir mejor, de acuerdo con *Applied Psychology: Health and Wellbeing*. Según explica, dedicar un promedio de quince minutos diarios a agradecer antes de irnos a acostar nos ayuda a dormir mejor y por más tiempo.

La gratitud mejora la autoestima, elemento esencial para un rendimiento óptimo, según un estudio realizado con atletas y publicado en *Journal of Applied Sport Psychology*.

La gratitud reduce el estrés y ayuda a superar traumas, según refiere una investigación publicada en *Behavior Research and Therapy*, realizada entre veteranos de la guerra de Vietnam. Se demostró que, a mayor nivel de gratitud, menor nivel de trastorno de estrés postraumático. Dos años después del ataque terrorista del 11 de septiembre de 2001, el *Journal of Personality and Social Psychology* publicó un estudio que reveló que la gratitud contribuye a desarrollar la resiliencia, lo que nos demuestra que hay que ser agradecidos, aun en los momentos más difíciles.

Todos tenemos la capacidad y la oportunidad de cultivar la gratitud. Solo necesitamos dedicar unos minutos para agradecer lo que tenemos, en lugar de quejarnos por las cosas que pensamos que merecemos y no tenemos. Desarrollar una «actitud de gratitud» es una de las formas más sencillas para sentirnos satisfechos con la vida.

En lo personal, al terminar la práctica de mis rituales diarios de gratitud, he visto cómo, al mirar la piñata de la vida, los regalos o paqueticos que despreciaba cobran otro valor como fuentes de aprendizaje y crecimiento. Usa la gratitud para darle una mejor mirada a lo que la piñata de la vida te está lanzando.

2. Humildad

Humildad es no tener la necesidad de ponernos por encima de los demás. Se desperdicia mucha energía en el esfuerzo de darse importancia, de tratar de probar que somos mejores, más ricos, más listos, más sabios, más inteligentes o más dignos que los demás. Nuestra alma, que es nuestro ser verdadero, no necesita embarcarse en una competencia de egos o de estatus con nadie más.

Estudios realizados demuestran que la humildad puede ayudarnos a mejorar nuestra vida. Por ejemplo, la investigación publicada en el *Academy of Management Journal*, hecha por Bradley Owens y David Hekman, reveló que los líderes que son humildes no solo son más agradables, sino también más efectivos.

Estudios llevados a cabo por el psicólogo Pelin Kesebir revelan que quienes son humildes tienen más autocontrol, ya que le prestan menos atención al yo; tal vez porque reconocen sus propios límites, mientras que las personas obsesionadas consigo mismas tienen menos autocontrol. Saber controlarse es una de las claves del éxito.

Las personas humildes son mejores jefes y mejores empleados, en general. En el caso de los estudiantes, obtienen mejores calificaciones, según resultados de los estudios de Wade C. Rowatt y Meghan K. Johnson.

Otra investigación, esta realizada por Don E. Davis, reveló que las personas humildes tienen mejores relaciones, en general, porque aceptan a los otros como son. Además, desarrollan relaciones más fuertes y son más colaboradores.

La humildad nos libera de competencias absurdas y nos permite usar nuestra energía para ser creativos y crecer. Con humildad podríamos admirar las piñatas ajenas, entendiendo que nuestro verdadero valor no está en el atractivo y deslumbrante envoltorio de la piñata, sino en las herramientas y capacidades de quien se sirve de ella como fuente de ingenio, innovación y creatividad.

3. Optimismo

El optimismo no es una esperanza infantil, es un estado proactivo de la mente. Cuando somos optimistas hacemos posible que las cosas buenas sucedan, ya que, al poner lo mejor de nosotros, nos damos cuenta de que gran parte de los resultados que buscamos están a nuestro alcance. Si bien es cierto que no podemos controlar las circunstancias de lo que nos sucede, sí podemos pensar en estrategias que nos permitan adaptar nuestras acciones a las realidades que la vida nos presenta.

En un estudio se evaluó a pacientes de mediana edad que serían sometidos a cirugía coronaria para implantarles un marcapasos. A cada uno de los participantes se le pasó un examen físico y otro psicológico para medir optimismo, depresión, neuroticismo y autoestima. Seis meses después de la operación, cuando se analizaron los resultados, se descubrió que los optimistas tenían cincuenta por ciento menos de probabilidades de necesitar una nueva hospitalización. Entre pacientes sometidos a angioplastia, el procedimiento para limpiar las arterias obstruidas, el optimismo demostró actuar como protector, mientras que las personas pesimistas tenían una tendencia tres veces mayor de sufrir un ataque al corazón o de requerir una segunda intervención quirúrgica u otro marcapasos.

Una perspectiva positiva puede ayudar a los pacientes a recuperarse después de un procedimiento cardíaco, y reducir el riesgo de padecer de hipertensión. En promedio, las personas con más emociones positivas tienen niveles de presión arterial baja. El optimismo beneficia directamente al corazón.

El optimismo aumenta las probabilidades de que logremos lo que queremos y que en el proceso nos frustremos menos. Ser optimistas garantiza que mucha otra gente nos invite a disfrutar de lo que lleva en su propia piñata. Las personas buscan elevarse con la proximidad de un optimista.

4. Generosidad

Uno de los mejores antídotos contra el mal humor, la amargura, el resentimiento, la pérdida de propósito y la autocompasión de tanta gente es sacarlos de su burbuja de egoísmo para que hagan cosas buenas por los demás.

Cuando damos algo de nosotros mismos, ya sea tiempo, energía o dinero, no solo es una bendición para la persona a la que ayudamos, sino que nosotros también somos bendecidos de alguna forma, ya sea con un mejor empleo, con un mejor salario o con más años de vida con salud.

Existen investigaciones que lo prueban, como la efectuada por la psicóloga social Liz Dunn, que demostró que no compartir lo que tienes con otras personas puede causar que el organismo produzca altos niveles de cortisol, que es la hormona del estrés. Mientras que un poco de estrés puede ser bueno, mantener altos niveles puede llegar a causar problemas de salud.

Otro estudio, que fue realizado por la Universidad de Wisconsin-Madison, reveló que ayudar a otras personas en el trabajo puede aumentar nuestros niveles de felicidad, ya que ser altruista no solo mejora la sensación de bienestar en el centro de labores, sino que además hace que las personas se sientan más comprometidas y, por consiguiente, haya menos probabilidades de que renuncien. El profesor Donald Moynihan, de La Follette School of Public Affairs, también de la Universidad de

Wisconsin-Madison, dice que ayudar a otras personas nos hace felices. Asegura que el altruismo funciona para mucha gente como un sistema de recompensa psicológica saludable.

Cuando se trata del éxito a largo plazo, la generosidad supera al egoísmo, de acuerdo con un estudio hecho por la Universidad de Pennsylvania. Donde hay cooperación, todos se benefician del trabajo de grupo y eso lleva a lograr mayores éxitos que cuando se actúa de forma egoísta y cada quien trabaja solo por sus propios intereses.

En el caso de las personas que realizan trabajo voluntario, no solo mejora el bienestar y la satisfacción con la propia vida, sino que además está vinculado con la reducción de los niveles de depresión y un menor riesgo de morir prematuramente, de acuerdo con un reporte del *Journal BMC Public Health*, basado en varios estudios. El verdadero éxito en la vida radica en cuánto somos capaces de aportar de nuestra piñata a los demás. Añadir valor constantemente a otros nos convierte en seres generosos y plenos.

5. El perdón

Perdonar no significa que aprobamos o aceptamos lo que alguien nos ha hecho. Se trata de soltar y dejar ir, porque cuando nos dejamos llevar por la venganza, nos atamos a lo que nos ha hecho sufrir o sentir mal y permitimos que quien nos ha hecho daño nos victimice de nuevo. Cuando desviamos nuestra energía hacia la ira, el resentimiento, la venganza y la represalia, estamos perdiendo una parte de nosotros mismos.

El perdón es de beneficio para nuestra salud, tanto física como mental, según lo ha demostrado la ciencia a través de diversos estudios. Charlotte VanOyen Witvliet, psicóloga de Hope College, le pidió a un grupo de personas que pensaran en alguien que las hubiese herido, maltratado u ofendido. Mientras pensaban en esto, ella monitorizaba su presión arterial, frecuencia cardíaca, tensión de los músculos faciales y actividad de las glándulas sudoríparas. Al recordar lo sucedido, la presión arterial y el ritmo cardíaco de los participantes aumentaron, y también sudaron más. Recordar situaciones desagradables les resultó estresante: sintieron enojo, tristeza, ansiedad y falta de control. Witvliet también les pidió que trataran de compadecer a sus agresores o que imaginaran que los perdonaban. Cuando practicaron el perdón, sus signos bajaron y solo presentaron el nivel de estrés normal que produce el desvelo.

Perdonar ha probado ser de beneficio en las relaciones, tanto familiares como románticas y laborales. Los investigadores Johan Karremans y Paul Van Lange, en Holanda, y Caryl Rusbult, en la Universidad de Carolina del Norte, han realizado investigaciones conjuntas y separadas sobre el perdón en relaciones cercanas. Han comprobado que las personas están, por lo general, más dispuestas a perdonar si sienten confianza y la voluntad de sacrificio de su pareja. Según los investigadores, perdonar está asociado con un mayor nivel de bienestar, especialmente en las relaciones de más compromiso. Las personas en relaciones con compromisos fuertes tienen más que perder si la relación fracasa, por lo que estarían dispuestas a hacer ciertos sacrificios.

Los beneficios físicos del perdón parecen aumentar con la edad. Un estudio dirigido por Loren Toussaint, psicóloga de Luther College, en Iowa, en conjunto con David Williams, Marc Musick y Susan Everson, llevó a cabo una encuesta nacional entre unos 1.500 estadounidenses. Se les preguntó el grado en que cada uno practica y experimenta el perdón respecto a sí mismo, a otros y a Dios. El estudio incluyó la salud física y mental. Toussaint y sus colegas descubrieron que las personas mayores y las de mediana edad tienden a perdonar más a menudo que los adultos jóvenes, y también se sienten más perdonados por Dios.

Además, encontraron una relación significativa entre perdonar a otros y el buen estado de salud entre los estadounidenses de mediana edad y mayores. Las personas mayores de cuarenta y cinco años de edad que habían perdonado reportaron sentirse más satisfechas con sus vidas y ser menos propensas a sufrir trastornos psicológicos, tales como nerviosismo, inquietud y tristeza.

Como hemos leído en testimonios, algunos traumas o rencores de lo que debió traer nuestra piñata de vida permanecen y quedan como lastres o cadenas mentales invisibles, pero sólidas, en muchos seres humanos. El perdón es el antídoto para que el amor regrese a donde ha germinado el odio, la culpa, el resentimiento, los celos, la envidia.

6. La intención

Entender el principio de la intención es darnos cuenta de que, cuando elegimos algo, enfocamos nuestra energía en eso. Para lograr el éxito, necesitamos creer que el universo va a conspirar para darnos lo que queremos, si alimentamos nuestras intenciones de triunfar.

Un día sin intención es un día desperdiciado. Crear una intención es tener claro lo que quieres lograr en un día, una semana, un mes, un año o a lo largo de tu vida. Y aunque suene muy simple, es en realidad muy poderoso.

Cuando te tomas un tiempo para preguntarte qué es lo que quieres lograr hoy para que sea un día fabuloso, instintivamente haces una lista mental y deshechas lo que no te interesa, para centrar tu atención en lo que realmente quieres y que te dará satisfacción y felicidad.

El poder de la intención ha sido comprobado a través de estudios científicos. El investigador y sanador alternativo, el doctor Masaru Emoto, de Japón, se hizo famoso con sus experimentos de las moléculas del agua presentados en el film *What The Bleep Do We Know*? Sus experimentos demostraron que el pensamiento humano y las intenciones pueden alterar la realidad física como la estructura molecular del agua. Ya que los humanos estamos compuestos de por lo menos un sesenta por ciento de agua, su descubrimiento tiene implicaciones importantes que nos deben llevar a preguntarnos si podemos darnos el lujo de tener pensamientos o intenciones negativas.

Otra de las famosas demostraciones del doctor Emoto es la del experimento del arroz, en el que revela el poder del pensamiento negativo y el pensamiento positivo. Emoto puso porciones de arroz cocinado en dos recipientes. En uno de los contenedores escribió «gracias», y en el otro, «tonto». Después les pidió a niños en edad escolar que leyeran en voz alta lo que estaba escrito en las etiquetas, cada vez que pasaran por ahí. Después de treinta días, el arroz guardado dentro del recipiente con pensamientos positivos había sufrido pocos cambios, mientras que el arroz del contenedor con pensamientos negativos estaba mohoso y podrido.

Si no nos detenemos a darle significado a nuestras acciones, terminaremos trabajando un montón sin un objetivo en mente, agotados, sin recompensa, y así se nos escaparán los días y la vida.

Cada día que pase sin que decretes una intención es un día perdido en el campo de las posibilidades infinitas. Cada acto que haces donde no invocas una intención es como si creyeras en el azar para manifestar carácter a tu vida. Cada pensamiento que pasa por tu mente y dejas ir, sin preguntarte cuál es su intención, es un fantasma errante que regresará en tu búsqueda para tomarte desprevenido. No dejemos que la piñata de la vida nos sorprenda con lo que nos lanza, sin al menos crear un escudo de protección con el poder de la intención. Cuando decretas una intención de amor y compasión, es muy difícil que la piñata, por muy escasa que sea su provisión, no te recompense con paz, calma, quietud y dicha, aun en medio del caos exterior.

7. La esperanza

El éxito y el fracaso son calificativos que nosotros mismos le damos a nuestras experiencias. Nos demos cuenta o no, estamos constantemente programando los resultados en nuestras vidas. Parte del éxito es la intención y la esperanza que ponemos en ellos. La claridad de nuestra intención y la fuerza de nuestra esperanza se unen para enfocar nuestra atención y energía en los resultados.

Todos tenemos derecho a tener éxito en la vida, pero, cuando dudamos de nosotros mismos, o perdemos el propósito, enviamos ese mensaje a los demás. Y lo contrario sucede cuando tenemos claro lo que queremos.

Tener esperanza nos hace sentir bien, y es bueno para nosotros, según ha comprobado la ciencia en diversos estudios. Los doctores Shane López y Matthew Gallagher, de la Universidad de Boston, descubrieron que la esperanza ayuda a crear emociones positivas. Y, aunque la esperanza y el optimismo son distintos entre sí, ambas son importantes para lograr la felicidad y el bienestar. La doctora López, quien ha estudiado la esperanza en millones de personas a través de su trabajo en las encuestas de Gallup, dice que la esperanza por sí sola no hace feliz a una persona, pero es un paso necesario en el camino hacia la felicidad.

El doctor Randolph Arnau, psicólogo de la Universidad del Sur de Mississippi, y un grupo de colegas, encuestaron a más de 500 estudiantes universitarios para medir sus niveles de esperanza, depresión y ansiedad. Meses después repitieron la encuesta y observaron que los estudiantes que expresaron mayor esperanza al inicio del estudio presentaban niveles más bajos de depresión y ansiedad.

Como sucede con otras características, algunas personas son más optimistas que otras. En general, la gente que es más agradable y extrovertida tiende a tener más esperanza, según el doctor Arnau. Y quienes tienen más esperanza, también tienden a ser mejores para fijar metas. La doctora López dijo que, ante una crisis, las personas menos optimistas tienden a encerrarse, mientras que quienes mantienen la esperanza toman medidas para hacerle frente.

La esperanza acompaña a cada niño y adulto en su expectativa, en el momento de descubrir qué le llega en su piñata. Está en nosotros fortalecer el concepto de esperanza desde el interior, como una fuerza divina del espíritu y no como una hueca suposición o subjetiva idea, basada en la carencia de la materia. **La esperanza es infinita cuando llega del alma, la esperanza es muy esquiva cuando busca un efímero premio material.**

El Método Cala de Vida

He tenido la suerte de realizar conferencias en toda América Latina, España, Estados Unidos y Canadá. Curiosamente, algunos me preguntan: «Ismael, ¿bajo qué método vives?», «¿cuál es tu filosofía de vida?», «¿cómo has creado ese espíritu de transformación, de reinvención, para no dormirte en los laureles?». Me han cuestionado incluso por qué no confío demasiado en los triunfos, a pesar de tanto reconocimiento exterior por el trabajo en medios de comunicación. Muchos de mis colegas, en voz baja, también me preguntan cómo se hace para no sucumbir a esa droga que es el «elogio».

Y la verdad es que sí, ha sido una gran tentación poder decir: «Llegué, estoy en la aparente cúspide del éxito». Durante muchos años viví en el mundo de los *to do lists*, las metas, resoluciones y triunfos para marcar mi éxito. Hoy mi visión de éxito va más allá. En el crecimiento interior es donde entendemos que la mente es un tigre hambriento e insatisfecho que reclamará su próximo ataque por cuestiones de supervivencia. Además, es un tigre que se ha tragado un cocodrilo. Sí, porque el cocodrilo es el cerebro reptiliano que todos llevamos dentro, el más básico. Estudiar el tema me ha sacado canas y quitado el sueño. El conocimiento que hoy comparto en estas páginas transformó mi vida, y sé que cambiará la tuya, porque ni tú ni yo queremos vivir en «modo piñata».

En mi primera juventud tuve una mentalidad exitista, pero puedo decir con orgullo que nunca he creído que la vida se base simplemente en escalar una única montaña, en llegar a la cima y plantar la bandera, como si del Everest se tratara, y quedarnos ahí. Incluso, si lo tomáramos de manera literal, ¡nadie sube el Everest para quedarse en la cima! Allí moriría de frío.

El propósito de nuestra vida no podría ser, de ninguna manera, escalar una imponente cima porque aparentemente sea la más grande. Eso no serviría de mucho en el espectro más profundo de nuestra existencia. Parte de la aventura de escalar el Everest es volver a bajar, regresar a casa. Y en ese camino de vuelta debemos construir una meta superior a la ya cumplida. Una de otro tipo, que no tiene por qué ser otra montaña nevada. Hay que llevar adelante la mentalidad de cordillera, y no de cima; la mentalidad de archipiélagos, y no de islas humanas que viven aisladas entre sí. Somos seres conectados en la cercanía de nuestra red de energía, electricidad espiritual y conciencia.

En estos cuarenta y seis años he aprendido muchas lecciones de vida. Algunas me han llevado a la firme conclusión de que nuestro destino se dibuja en los momentos de tomar decisiones. Nuestro destino es una fina línea entre lo que deseamos construir en el futuro y lo que hemos caminado −huellas incluidas− hasta hoy. «Destino» no es un sustantivo que cae en el incierto mundo de las predicciones, sino que es elegir entre el esfuerzo de ser y la liberación del ser, dadas las bondades, talentos y fuerzas que nos han sido entregados. Son dos actos que parecen contradictorios, pero constituyen dos caras de la misma moneda.

El esfuerzo de ser es tu estado de gracia y creación, tomar la voluntad de usar tu libre albedrío para forjar un camino desde la autodisciplina, el autoconocimiento, la iluminación y el despertar. Llámese iluminación al maravilloso y profundo descenso, en un reto de inmersión hacia el alma profunda. No hablo de iluminación solo hacia el cielo o hacia fuera, sino hacia dentro. Ahí es donde yace el enigma de nuestra existencia, con todas las respuestas que llegan en descarga chispeante desde la fuente del Creador. El otro elemento es la liberación del ser. Este es el proceso de dejar que tu conciencia pura y verdadera sea escuchada, y poner a raya al ego para que permita que tu ser aflore en su armoniosa presencia con el todo.

Te invito a tomar la responsabilidad de elaborar tu destino bajo el microscopio de la vida cotidiana y abandonar para siempre el «modo piñata». Poner una lupa, no sobre todo lo que te ha pasado, sino sobre lo que haces cada día. Así de simple, todos los días. Poca gente quiere la responsabilidad que conlleva la disciplina de fiscalizar sus propios pasos diarios. Así es más sencilla la vida, yendo en «modo piñata», como víctima, solicitando misericordia: «Miren todo lo que me ha tocado vivir». Es mucho más cómodo recitar problemas que gestionar soluciones. Debemos mantenernos en guardia contra los pensamientos que traen una y mil justificaciones, debido a las circunstancias que hemos vivido. Pongámonos una inyección contra la *excusitis infinitus*, como dice mi mentor Robin Sharma, autor de *El monje que vendió su Ferrari*.

Cuando no estudias tus hábitos y por qué tomas determinadas decisiones, es fácil echar las culpas a otros de lo que te sucede en la vida y del destino que te tocó vivir. Abraza tus miedos y salta al vacío con ellos, deja tu historia antigua y publícala solo para que otros entiendan que ella no te define, porque eres capaz de reescribirla. Mientras repitas la historia que alguien te contó o la versión que creciste alimentando, no tendrás la opción de decir: «La historia de mi vida la escribe un triunfador». Al final, esa es la mejor de nuestras propuestas de vida. Dios nos hizo para crecer en la excelencia, y no para vivir en el pantano de la mediocridad y el despropósito.

Lo que diferencia a los seres humanos de los animales es la capacidad para manifestar realidades, más allá de las circunstancias en las que nacemos. Podemos hacerlo. Está en ti esa capacidad transformadora, cada día, a cada momento. Cuando decides, la usas; cuando te rindes, la niegas.

Los camaleones tienen la capacidad de camuflarse para adaptarse a nuevos ambientes. El hombre no solo es capaz de adaptarse, sino que también puede crear nuevos ambientes. Por ejemplo, hemos inventado el aire acondicionado para contrarrestar el calor; la calefacción, para cobijarnos del frío extremo; los zapatos, para protegernos los pies. Los arquitectos nos regalan edificios para no que no vivamos en cuevas o chozas.

Entonces, somos seres inteligentes, intelectual, emocional y espiritualmente hablando. Cada vez que tomamos una decisión, esta tiene una repercusión en una cadena de reacciones. Forma parte de un efecto dominó, que provocamos alrededor nuestro, por el resto de la vida. Por ejemplo, si todos los días nos negamos a permitirnos treinta minutos, como mínimo, para el movimiento físico, después no podremos quejarnos de no alcanzar una salud perfecta. Nuestro cuerpo no estará balanceado y tampoco tendrá lo que necesita, como sucede con algunas vitaminas que provienen del contacto con la luz del sol.

Pero ¡tengo una buena noticia! No importa la edad, porque siempre hay una claqueta disponible para comenzar una nueva escena de la película de tu vida, una gran obra maestra. Y el director, ¿eres tú? Supuestamente debes serlo, y no aparecer en el elenco como un actor secundario. Debes agarrar el mando y decir: «Clack, toma cincuenta y cinco de la misma escena. ¡Seguimos rodando!». En tu vida, los cortes de escena son los cierres e inicios de fases, de ciclos o mudadas de piel. No hay corte final hasta que no llega «The End», en el que sí será tarde para reevaluar todas tus decisiones.

Por suerte, el futuro no está escrito aún del todo. Mucha gente creía que el destino era algo que te tocaba, sin poder hacer nada para remediarlo. El Método Cala de Vida trata de transmitir que eres cocreador de tu historia. Y sí, digo de manera intencional cocreador, porque creo en una inteligencia superior; una fuerza divina o energía cósmica a la que llamo Dios, pero cuyo nombre es lo menos importante. Dios, para mí, es un creador generador de inteligencia, energía, fuerza, poder y milagros.

Con el Método Cala de Vida quiero decirte que, con mi fe y certeza, soy parte de un todo. De la nada vengo y hacia la nada voy. Y lo justifico de manera física, ya que cuando estudiamos de qué está hecho el mundo exterior, el material, descubrimos que gran parte de las partículas subatómicas están formadas de energía. Pero solo gracias a nuestra observación como testigos podemos percibir lo que hace que se manifieste en materia. O sea, los observadores alteramos la materia, que se manifiesta al ser observada.

La física cuántica es una de las ciencias en las que más estoy invirtiendo tiempo, porque, junto a la neurociencia, me ofrece la oportunidad de descubrir algo de lo que sigue siendo inexplicable para nosotros. Son temas complejos y simples a la vez, como la fuerza y el maravilloso poder de la vida y la magia que yace escondida en nuestro cerebro.

Con el Método Cala de Vida reconozco lo diminuto y, al mismo tiempo, poderoso que soy en la inmensidad del universo. Asumo, libre de culpas y resentimientos, la liberación de mi pasado, el reconocimiento de mi momento presente y mi responsabilidad en construir el futuro. Con este pensamiento, te encuentras libre de tu pasado, ya que comprendes que todo lo que sucedió tiene una consecuencia positiva como lección. Nunca estuvo determinado como un suplicio para que arrastres culpas, sino como una prueba para que continúes hacia la liberación.

Al final es como ir a la escuela: hay muchas pruebas para pasar de grado y escalar al próximo nivel. En la vida, no con lucha, pero sí con presencia de conciencia, vamos viviendo diversos exámenes. Y, si no los vencemos, no aprobamos el año, nos estancamos. Eso hace que sigamos atrayendo las situaciones que no nos gustan. Una mujer que no vence la prueba de cortar con el abuso verbal de su esposo sigue fallando en su examen, y ese elemento no escapa de su vida. El día en que se llena de valor y autoestima y dice «basta, no más», exhibe fuerzas para terminar con el problema y gritar al mundo: «Yo valgo, yo siento, yo no merezco esto en mi vida». Y a partir de entonces, luego de sanar sus heridas, entenderá que debe estar más alerta a las señales de vacío —interior o exterior— sobre las personas a las que atraía para pasar su prueba.

El Método Cala de Vida busca hacerte entender el propósito de creer, crear y crecer. Mi planteamiento es que podemos crear nuestra realidad de vida, de acuerdo con lo mucho o poco que logremos ensanchar ese expansivo y elástico horizonte que es nuestro umbral de merecimiento. ¿Por qué me sirve este método? Porque lo que estoy haciendo ahora tendrá, más allá de mi voluntad, un efecto o consecuencia mañana. Esto lo podemos probar con la Ley del Karma, pero también a través de la relación física causa-efecto, más allá de la espiritualidad.

El Método Cala de Vida no ve el destino como un futuro incierto. Al contrario, lo vislumbra como el resultado de las acciones que emprendes en tu camino. Las huellas que vas dejando con tus pisadas, paso a paso, a lo largo de tu sendero de vida.

Utilicé el acrónimo CALA porque estaba convencido de que mi apellido no había llegado de manera fortuita. Ha pasado de generación en generación y, además, tengo la suerte de que es una palabra con alrededor de dieciocho acepciones en el Diccionario de la Real Academia de la Lengua Española. Desde una flor hasta el hecho de cortar una fruta o llegar a lo más profundo de algo o alguien. Sin embargo, quise darle una nueva significación: que CALA sea un método para vivir a plenitud. Una filosofía por la que me regiré de por vida, porque este método no caduca.

CALA tiene cuatro letras: dos consonantes y una vocal que se repite. Para que el método sea eficiente, no pueden faltar las emociones. Si no involucras tu emoción, la vida se convierte en una simple teoría, pasiva e inoperante. Muchos transforman sus vidas en grandes almacenes de conocimientos, similares a los estanques con agua inamovible, que prácticamente no sirven para nada.

El Método Cala de Vida te invita a desarrollar una fuerte vivencia: la certeza de que, aprendiendo estos comandos de acción, tu vida a partir de hoy puede transformarse de lo bueno a lo mejor. Recordemos que, desde la gratitud, lo bueno es el peor enemigo de lo mejor. Esta máxima me la enseñó John C. Maxwell, y nunca la olvido; pero siempre desde la gratitud, para evitar caer en la codicia insana. Si no hay emoción, no hay progreso ni automotivación, dos factores fundamentales para creer en el milagro de la transformación. Es milagro y es ciencia, porque estudiamos los hábitos. Y es arte, porque somos artistas que caminamos sobre la cuerda floja, de estación en estación.

Mientras cruzamos, maniobramos en el aire con ciertas pelotas que conforman nuestras fuentes de vida. Es un arte poder entrenar cuerpo, mente y alma, para mirar hacia adelante, sin observar el vacío debajo de la cuerda. Eso solo serviría para alimentar tus miedos. Y, sobre todo, el artista, para crear su próxima victoria, sabe que no puede torcer el cuello y mirar hacia atrás, porque quedaría atrapado en un anclaje inferior ya sedimentado en el pasado. Todos somos artistas, y ese es el valor de nuestra vida: completar múltiples cruces por la cuerda floja, cada vez con más confianza, más ligeros, con menos miedos. Sin embargo, mientras crecemos, cargamos mochilas repletas de emociones, creencias y aparentes verdades que nos hacen abortar la visión. Nuestros sueños no ven el momento de nacer porque dejamos que se esfumen ante la desidia del «ver para creer».

Hay proyectos que no logramos finalizar porque no encontramos el *momentum* para el comienzo. O porque no somos capaces de mantener la motivación hasta el final, debido a los obstáculos. Si paso a paso encuentras progreso, puedes mantenerte motivado. Al crear certeza en nuestra mente, necesitamos reforzar los cimientos espirituales. Por eso el método me ha funcionado. Lo apliqué de manera empírica, sin intelectualizarlo demasiado, y gracias a Dios he conseguido alguna sabiduría universal. Otros millones de personas también la viven, pero la denominan de otra manera. En mi caso, Dios me regaló un excelente acrónimo para explicarte cómo vivo y recomendarte cómo hacerlo.

«C» de constante, de cambio

El ser humano se ve inmerso en una gran dicotomía. Necesitamos vivir con la certeza de que todo nos va a ir bien, de que no nos faltará nada y de que estamos seguros. Pero, cuando nos sentimos en peligro, el cerebro de reptil nos hace huir o contraatacar, nuestras dos grandes opciones desde el estadio más primitivo hasta hoy.

La «C» habla de constancia y de cambio, así como de «constante cambio». Cuando hablo de constante, me refiero a que los saltos cuánticos cualitativos y exponenciales llegan, en muchas ocasiones, por un proceso de acumulación de pequeños pasos y logros. Para lograr una historia de transformación personal, importan más los hábitos diarios que las grandes proezas cada cinco o diez años. No necesitamos heroicidades mediáticas, sino el compromiso de que cada día es un espejo en miniatura de lo que aspiramos a lograr en la gran historia de la vida.

Por eso, en *La vida es una piñata* te ofrezco un método para dejar de vivir como objeto. Nuestros pasos deben basarse en la constancia, o, de lo contrario, no habrá progreso.

¿Cómo se produce un hábito? Existe un disparador que induce a tomar una acción, y esta luego se convierte en rutina. Después, hay una recompensa. Te recomiendo un libro que me ayudó a estudiarlos: *El poder de los hábitos*, de Charles Duhigg. Su premisa se basa en una simple pregunta que se hizo el periodista, premio Pulitzer: «¿Cuál es el origen del impulso que me lleva a comerme una galleta de chocolate, cada día, alrededor de las tres de la tarde, teóricamente sin hambre?».

Esto nos sucede a todos. Estamos sentados en la oficina, embotados. Sentimos la necesidad de un dulce y vamos a la cafetería a saborear unas galletas. ¿Cuál es el disparador? En cierto momento del día, tu concentración disminuye y el estrés sube. La recompensa de la rutina de ir a la cafetería y comer galletas libra a la mente de la nube gris y abrumadora que tenemos delante. Necesitamos oxigenar la mente, recobrar el nivel de energía y atención, estimular la creatividad. En el camino, acabaremos hablando unos minutos con los colegas y nos sentiremos más liberados y relajados, ya listos para volver a sentarnos en el escritorio y ser más productivos.

Ahora es cuando tienes que estudiar ese hábito. En realidad, podríamos llevar una rutina menos dañina, que no genere libras de más. La ansiedad, la falta de concentración y el aturdimiento pueden hacernos levantar, caminar unos minutos —que es muy saludable—, conversar, tomar un vaso de agua o un té o comer un pedazo de fruta. Y, con esto, la recompensa es la misma, pero con muchos más beneficios para la salud y el bienestar. Es solo un ejemplo de cómo los hábitos, incluso los más insignificantes, conservan un gran peso en el resultado de nuestro estilo de vida.

Debemos ser constantes porque los cambios que llegan a nuestra vida son constantes en su natural inconstancia. Es vivir como un artista. Hay que abrazar la incertidumbre, no podemos vivir aferrados a un único resultado. Debemos centrarnos en la certeza de que nos irá bien y conquistaremos nuestros sueños, pero con la suficiente flexibilidad para entender que un resultado provisional no significa renunciar al objetivo. La vida está llena de constantes cambios, situaciones y escenarios diferentes. El optimismo y centro de vida, basado en la alegría y el gozo, no puede hipotecarse a un resultado único. No es que tengamos un plan A, un plan B y un plan C. Como dice mi amigo Chris Gardner, el plan B apesta. La certeza radica en el resultado que esperamos, y así lo vivimos. Nada, sin embargo, nos quita la paz, porque la paz no es negociable, en relación con los resultados específicos o expectativas. Una frase de otro mis mentores, John C. Maxwell, resume magistralmente esta idea: «Convierte tus expectativas en gratitud y tu vida se convertirá en maravillosa».

Así nos convertimos en malabaristas entre el cómo lo hago, la complicidad del universo para ser nuestro gran aliado, el resultado con certeza y la flexibilidad de que nada nos quitará la paz en el centro del corazón.

El Método Cala de Vida no solo persigue hacerte exitoso en lo exterior, sino fundamentalmente por dentro, con el concepto del triunfo que he aplicado durante los últimos años. Vivir en armonía con el llamado de tu alma, y no solo con los deseos mutantes del ego. Yo, Ismael, cultivo la paz y la armonía interiores, arropadas como núcleo con mis principios y mis valores. No centradas en los dictámenes de la sociedad, sino en la inmersión hacia adentro.

«A» de aprendizaje

Es fundamental poder reinventarnos, crecer y desarrollar nuestras vidas. El aprendizaje implica que nada va a ejercer un poder sobre nosotros, si no activamos voluntariamente el poder de nuestros pensamientos para establecer, cuestionar o borrar una creencia. Es un proceso complejo, que nunca termina. Debemos ser conscientes del poder que ejerce una idea sobre nosotros: incluso puede tener la habilidad de engrandecer o quebrar a una persona.

Un concepto que crece, se sedimenta y se convierte en creencia es una piedra sobre la cual algo sucederá.

Usamos esa piedra para construir, la lanzamos a alguien como autodefensa o la guardamos porque pensamos que es un objeto precioso, de mucho valor para otros, pero, sobre todo, de gran valor emocional para nosotros. El dilema es cómo nuestras creencias pasarán de ser pequeños granos de arena a inmensas piedras sobre las que construimos nuestras decisiones diarias. Desaprender y aprender sobre las creencias es tarea cotidiana de los gladiadores de la mente.

Hay que mantener la mente en observación, bajo una lupa. El proceso de aprendizaje implica una dualidad. Sobre los hábitos o creencias ya establecidos, existen fuertes lazos y comunicaciones neuronales. A esto lo llamo «atajos». Nuestra mente los utiliza porque es la manera más sencilla de reproducir lo que ya sabe, y lo que le es más fácil. A la mente racional le da pavor que comiences a crear, porque implica que tendrá que trabajar más. Por eso, los atajos, costumbres, hábitos o rutinas nos definen, mientras no tomemos conciencia de definirlos a ellos, mirándolos en su propia esencia.

Uno de mis grandes mentores, Enric Corbera, a quien entrevisté recientemente, es fundador del Enric Corbera Institute, de Barcelona, un organismo dedicado a la bioneuroemoción. Me encantó su libro *El arte de desaprender: La esencia de la bioneuroemoción.* Te recomiendo su lectura porque influye en el Método Cala de Vida.

Es importante mantener el aprendizaje, para comprender qué ha caducado en el disco duro del cerebro, pero todavía permanece en nuestros archivos sin ni siquiera percatarnos. Y aquí es determinante la frecuencia e intensidad con que emprendamos la higiene emocional, intelectual, mental y espiritual. El aprendizaje nunca finalizará en nuestras vidas. En este sentido, me gustaría recordar el concepto de neuroplasticidad, al que me he referido en otras ocasiones. Está demostrado que, sin importar la edad, nuestro cerebro todavía puede aprender. Sin embargo, en la medida en que envejecemos, el genial órgano conoce más «atajos», porque hemos establecido más hábitos. Esto representará una mayor resistencia para el comienzo nuevos aprendizajes. Por eso, todos los días debemos decirnos: «Estoy dispuesto a aprender hoy para vivir más tiempo, con mayor calidad de vida, independencia y plenitud». Ese es el aprendizaje, un proceso de evolución infinita.

«L» de liderazgo

Todos necesitamos crecer en liderazgo y contribuir con los demás. Liderazgo se resume en una sola palabra: «influencia». Como nuestra vida, el ejemplo y la palabra influyen en otros. De eso trata el liderazgo, siempre liderazgo como una «influencia positiva». Sin embargo, hay quienes aprenden estas herramientas para manipular al resto. En cualquier caso, este tipo de gente lo que hace es «mandar, ordenar», pero no liderar. La bondad no entiende el éxito egoísta, sino el que, de manera altruista, añade valor a otros y comparte en abundancia con los demás.

Se trata de un liderazgo hacia la excelencia, no hacia la perfección. Hay quienes se miran al espejo y no ven la imagen perfecta de lo que quieren ser. Es normal no estar siempre satisfechos con lo que hacemos. Elevar los estándares es una ambición saludable, pero no porque busquemos una perfección que no existe.

Ahora bien, no te tomes la vida tan en serio. Haz que sea un divertimento, un juego. Por eso, el Método

Cala de Vida también incluye en la «L» el término «lúdico». Se trata de un liderazgo que no nos quite la sonrisa, que no nos amargue la vida por lo que no tenemos. Un liderazgo de celebración, desde la gratitud.

Está comprobado que, cuando muestras gratitud, tu liderazgo va ser más compasivo, más simpático, podrás ponerte en los zapatos del otro. ¡Vas a dejar de ser una piñata! Vas a entender que cada suceso en la vida merece una celebración, desde la aceptación de la moraleja o desde la enseñanza. Y que cada suceso considerado negativo, feo o trágico, merece un estudio. Detrás del disfraz de una tragedia, ahí escondido, está el regalo de la enseñanza. Ese es el verdadero liderazgo: la capacidad de hurgar para encontrar respuestas, y de hacer preguntas para escuchar con toda atención.

«A» de acción

El conocimiento es la materia prima. Buscarlo y ponerlo en acción marca la diferencia y crea resultados. Por ejemplo, el simple acto de graduarte en la universidad no necesariamente marca la diferencia, pero todo cambia si pones en práctica lo que has invertido en ese conocimiento. Se trata de llevar adelante un plan de acción, para ver cómo reflexionas y creas algo que te diferencie, sobre la base del conocimiento. No eres el único con instrucción o educación. Hoy, afortunadamente, hay bastante conocimiento repartido por el mundo. Vivimos en la era de la información, que es, al mismo tiempo, una era de distracción. En este contexto, es más productivo el que amortiza la inversión de aprendizaje con la generación de valor único para otros, basado en el conocimiento y las habilidades aprendidas.

Más que nunca, para llegar a la acción, necesitamos una fórmula:

Conocimiento + Concentración = Capacidad de Creación

Súmale una P² que significa el potencial de pensar en creatividad pura. Acción es el proceso de pensar una estrategia o táctica y después llevarla adelante. En ese contexto, desglosemos una conocida frase de arranque del cine y la televisión: «Luces, cámara, acción...».

Luces: Todo lo que hicimos al principio. Es el trabajo previo de constante aprendizaje, de forjar cimientos sólidos para crear nuevas realidades y manifestar nuestra capacidad creativa y artística, entendiéndonos todos como artistas, creadores de una obra maestra: nuestra vida.

Cámara: Ya estás frente al reflector. La cámara te enfoca de cerca, en plano cerrado o *close up*. Cuando estás listo para ser líder, das el paso adelante y transitas el camino con tus miedos, pero en forma de aliados, y no como enemigos. Tienes el coraje de jugar y enfrentarte al miedo, al rechazo, al fracaso, al qué dirán, al ridículo... Ahora estás listo para las cámaras. Un líder se expone al mundo, a su familia, a sus compañeros de trabajo. No vive en la oscuridad, sino en la luz de brindar guía y ejemplo a otros que le admiran y siguen.

Acción: Estás listo. Tienes el conocimiento y las habilidades. Entiendes que todo lo que ocurre a tu alrededor, en constante movimiento, es solo aprendizaje puro y duro que forma parte de tu ADN. Acción es lo que representa y distingue al Método Cala de Vida. Te aseguro que si lo estudias y ejercitas, entenderás por qué no eres constante con tus hábitos productivos, qué te ha hecho detenerte y por qué no inviertes en tu aprendizaje. Aprender es la clave. Quien aprende y actúa es indetenible en su crecimiento exponencial.

Cuanto más grande sea el sueño, más disciplina, compromiso y contrato de ejecución se exigirá de ti. No es un método mágico, pero sí milagroso, entendiendo como «milagros» los actos que ejecutamos para nosotros y para los demás, desde un pensamiento de infinita posibilidad. Estos milagros implican toma de responsabilidad, acciones, decisiones, compromisos, constancia y motivación. Dejar de vivir en «modo piñata», desde luego, sería uno de los mayores acontecimientos «milagrosos» de nuestra existencia.

EPÍLOGO

*Lo maravilloso de aprender algo es que
nadie puede arrebatárnoslo.*

B. B. King

Si has llegado hasta aquí, y además has podido interiorizar la metáfora de la piñata, entonces me doy por satisfecho. Escribí *La vida es una piñata* como una especie de manifiesto de vida, para invitarte a reflexionar si vives en modo de supervivencia o de creación. La piñata se convierte en varias metáforas y analogías que nos hacen viajar a la infancia, encontrar anclas emocionales sepultadas en la niñez, repasar con conciencia nuestro presente y diseñar con herramientas un prometedor futuro como cocreadores con Dios de nuestra ruta.

¿Vives tu vida en «modo piñata»? Si es así, lo haces colgando de un hilo, con muchos adornos exteriores, repleto o repleta de objetos que otro colocó dentro. La inercia te esclaviza, en espera de que una fuerza externa te rompa a sacudidas. Alguien, con los ojos vendados, disfruta al golpearte con un palo y tú terminas volando en direcciones inesperadas. O, en la mejor de las suertes, estás esperando a que otros halen las cintas con fuerza. A que te bamboleen hasta quebrarte y desfondarte, para que otros se rían o lloren al descubrir lo que llevas dentro. Entonces quedarás inservible, inútil, inerte. En ese modo de vida, fuerzas externas te llenan, golpean, quiebran y dejan en el vacío a su antojo.

La filosofía de este manifiesto te convoca a cuestionar si la vida es una piñata llena de cosas que no son más que eventos envueltos en disfraces atractivos. Estos no se muestran en esencia, pero nos hacen vivir en anticipación, sin disfrutar la verdadera fiesta de celebración que es vivir el presente, por querer saber qué nos deparará esa caja al desmoronarse. Al final, estos eventos son neutros, pero nuestra visión de ellos es la que otorga un valor de juicio positivo o negativo.

Al igual que con las piñatas, en la vida cada quien se frustra, se resigna o agradece, de acuerdo con su visión, expectativas, creencias y emociones. A diferencia de las piñatas, en nuestra vida sí podemos crear y manifestar regalos, convertir obstáculos en bendiciones y reprogramar los significados de las cosas que nos caen, llámense eventos agradables —las llamadas «sorpresas»— o las cosas aparentemente negativas, que en realidad son lecciones de aprendizaje y transformación que nos llegan con el dolor, las perdidas y los tropiezos.

Con este libro he buscado que comprendas que, cuando el golpe llega por una fuerza externa, muchas veces acaba la vida. Pero si lo producimos desde dentro, como al nacer un pollito del cascarón, provocamos vida y nuevas y alentadoras experiencias. De eso trata el crecimiento. Hoy vivimos más tiempo que hace un siglo. Para qué queremos tanto años adicionales si no somos capaces de reinventarnos, de mantenernos en estado de creación y gracia. El gran reto de nuestra vida es la aceptación de que lo único seguro es el cambio y la incertidumbre. La certeza de que viviremos una vida plena, llena de bendiciones y regalos que caerán de la piñata, llega desde dentro. Creamos certeza interior contra la incertidumbre externa. Dentro de ti está esa caja de herramientas. Ábrela. También espero que nunca más veas una piñata sin pensar en las grandes metáforas comentadas en esta obra de lectura con propósito. **La vida es una piñata, pero podemos tomar el control y diseñarla según nuestros intereses**. Podemos y debemos actuar.

25 PREGUNTAS PARA RESPONDER A SOLAS:

1. ¿Quién soy? ¿De dónde vengo? ¿Hacia dónde voy?

_____

_____

2. ¿Cuáles son las experiencias que le dan sentido de goce y plenitud a mi vida?

_____

_____

3. ¿Qué tanto quiero crecer en mi vida? ¿Hacia dónde?

_____

_____

4. ¿Cuál va a ser mi contribución o legado para la Humanidad?

_____

_____

5. ¿Por qué vale la pena hacer sacrificios en nuestra vida?

_____

_____

6. ¿A quién quiero ver en el momento de mi funeral?

_____

_____

7. ¿Qué quiero que se recuerde de mi existencia?

_____

_____

8. ¿Qué quiero que diga mi propia despedida?

_____

_____

9. ¿Cómo uso mi tiempo?

_____

_____

10. ¿En qué áreas de mi vida necesito más tiempo y energía?

_____

11. ¿En cuáles los gasto de manera ineficiente?

_____

_____

12. ¿Hasta dónde soy esclavo de mis creencias? ¿Cuáles de ellas me limitan y cuáles me capacitan?

_____

_____

13. ¿Qué es lo que no quiero que las demás personas sepan de mí?

_____

_____

14. Teniendo un pensamiento budista de paralelismo extremo, imagina de un lado una vida longeva y próspera, abundante en todo sentido; pero, del otro, sabes que la vida es frágil y podría acabar inesperadamente en este mismo instante. Hazte entonces las siguientes preguntas: si murieras ahora, ¿cuál considerarías es tu gran logro?; si vivieras más de 120 años, ¿cuál sería tu plan para ver tu vida como un triunfo?

_____

_____

15. ¿Dónde está tu concepto del éxito? ¿Hipotecado a eventos externos? ¿O está enraizado en algo que depende de ti, de tu interior, de tu alma?

_____

_____

16. ¿Quién eres cuando tu mente no es quien te juzga?

_____

_____

17. ¿Quién eres cuando tu alma está en paz, fuera del torbellino de tus pensamientos?

_____

_____

18. ¿Quién eres cuando las palabras no logran describir tu esencia?

_____

_____

19. ¿En qué momento de tu vida has actuado en «modo piñata»?

_____

_____

20. Identifica los golpes, palazos o tirones que recibiste. ¿Cómo eso podría ser diferente si actuaras de manera más recursiva, si fueses más resolutivo?

_____

_____

21. Si pudieras tener un superpoder por un día, ¿cuál sería?

_____

_____

22. ¿Cuáles son las cinco palabras que definen tu estado de ánimo?

_____

_____

23. ¿Cuál es tu fórmula para la creatividad?

_____

_____

24. ¿Vives en modo de supervivencia o en modo de creación?

_____

_____

25. ¿Dónde te ves? ¿Cómo te ves en cinco años, en diez años, en veinte años?

_____

_____

AGRADECIMIENTOS

Aprovecho una vez más para agradecer a la inteligencia colectiva, a los especialistas, pensadores, profesores y médicos que han investigado en profundidad las actitudes y conductas humanas. De todos he aprendido. Esta obra se ha nutrido del vasto conocimiento universal, siempre relacionado con mis estudios y experiencias personales.

Un agradecimiento especial para mi equipo de trabajo, bajo la guía editorial de Michel D. Suárez. Siento dicha por contar con profesionales capaces de colaborar en investigaciones, recopilación de datos, transcripciones y consejos sensatos: Elsa Tadea González, Sandra Rodríguez, Bruno Torres Sr., Tamara Zyman, Andrea da Gama, Karla López, Franklin Mirabal, Juan Casimiro, Lorena Susso, Annabella Pashell, Omar Charcousse, Moe Morales, Bertha Moreno, Gsus Monroy, Jesús Ramírez, Gino Berrios... Todo el equipo ha sido dirigido por Bruno Torres, CEO de Cala Enterprises y compañero de mil batallas. También mi felicitación y total gratitud para los amigos del *team* HarperCollins Español: Larry Downs, Graciela Lelli (nuestra editora), Jake Salomón y Jorge Cota.

Un apartado para los lectores que enviaron sus opiniones. Recibimos centenares de *e-mails* con excelentes vivencias e historias inspiradoras. Ha sido difícil elegir cuáles publicar íntegramente. He mencionado expresamente los nombres y apellidos de quienes me autorizaron por escrito; en el resto de los casos, solo los nombres. Aprovecho para reconocer a todos los participantes por sus ideas y anécdotas, que fueron tenidas en cuenta, aunque no aparezcan tácitamente en el texto: Helenita Mahecha, Silvia, Cruz, Venus, Yndrid y Maricarla Álvarez…

Agradecido infinitamente por la colaboración de las siguientes personalidades e instituciones en varios países:

Dr. César Lozano
Walther Boelsterly Urrutia
Museo de Arte Popular de México DF
Dra. Nancy Álvarez
Emilio Lovera
Ismael Cala Foundation
Cynthia Hudson
Eduardo Suárez
CNN en Español

NOTAS

1. https://www.elsiglodetorreon.com.mx/noticia/65995.una-historia-en-una-pinata.html
2. http://www.excelsior.com.mx/nacional/2013/12/18/934406
3. http://www.bbc.com/mundo/noticias/2016/01/160107_powerball_loteria_mayor_premio_historia_estados_unidos_bm
4. http://www.bdigital.unal.edu.co/18066/1/13807-40202-1-PB.pdf
5. http://pendientedemigracion.ucm.es/info/eurotheo/diccionario/N/necesidad_demanda.htm
6. http://www.cop.es/colegiados/T-00921/rad-DIOGENES.pdf
7. http://www.juntadeandalucia.es/servicioandaluzdesalud/huvvsites/default/files/revistas/ED-88-10.pdf
8. http://www.mapfre.es/salud/es/cinformativo/vencer-timidez.shtml
9. http://www.cop.es/colegiados/A-00512/timidez.html
10. http://www.mapfre.es/salud/es/cinformativo/vencer-timidez.shtml
11. http://www.cop.es/colegiados/A-00512/timidez.html
12. http://www.repubblica.it/2005/a/sezioni/scienza_e_tecnologia/timidezza/timidezza/timidezza.html?refresh_ce
13. http://www.elnortedecastilla.es/culturas/auladecultura/201602/08/somos-genes-ambiente-20160208205744.html
14. http://murciadivulga.com/2014/01/30/mucho-mas-que-genes/

15. http://www.revistaeidon.es/archivo/crisis-y-salud/
    investigacion-y-ciencia/117910-epigenetica
16. http://murciadivulga.com/2014/01/30/mucho-mas-que-genes/
17. http://befullness.com/nadie-te-ofende-son-tus-expectativas/
18. http://psicopedia.org/3043/estres-y-expectativas-de-conducta/.
19. http://www.scielo.org.ve/pdf/ic/v49n4/art12.pdf
20. https://facilethings.com/blog/es/resistance
21. http://www.mesilot.org/esp/Olam/El%20Invento%20de%20
    la%20Esperanza.htm
22. http://www.uv.es/~tyrum/artpersonalismo3.htm
23. http://www.crearfuturoglobal.com/resistencia-al-cambio-y-
    adaptabilidad/
24. http://www.agenciasinc.es/Noticias/La-evolucion-hizo-al-
    cerebro-humano-mas-moldeable-que-el-del-chimpance
25. http://www.infobae.com/2015/11/10/1768481-como-las-
    experiencias-la-vida-cotidiana-modifican-el-cerebro

* Las citas bíblicas están tomadas de LBLA (La Biblia de las Américas © Copyright 1986, 1995, 1997, The Lockman Foundation) y RVR1960 (versión Reina-Valera © 1960 Sociedades Bíblicas en América Latina; © renovado 1988 Sociedades Bíblicas Unidas).